辛弃疾传

殷茹 著

民主与建设出版社

·北京·

图书在版编目（CIP）数据

辛弃疾传 / 殷茹著 . -- 北京：民主与建设出版社，
2025. 2. -- ISBN 978-7-5139-4732-9

Ⅰ. K825.6

中国国家版本馆 CIP 数据核字第 2024A0B978 号

辛弃疾传
XIN QIJI ZHUAN

著　　者	殷　茹	
责任编辑	彭　现	
封面设计	言　成	
出版发行	民主与建设出版社有限责任公司	
电　　话	（010）59417749　59419778	
社　　址	北京市朝阳区宏泰东街远洋万和南区伍号公馆 4 层	
邮　　编	100102	
印　　刷	大厂回族自治县彩虹印刷有限公司	
版　　次	2025 年 2 月第 1 版	
印　　次	2025 年 3 月第 1 次印刷	
开　　本	880 毫米 ×1230 毫米　　1/32	
印　　张	8	
字　　数	145 千字	
书　　号	ISBN 978-7-5139-4732-9	
定　　价	42.00 元	

注：如有印、装质量问题，请与出版社联系。

目录 CONTENTS

第一章

壮岁旌旗拥万夫

　　宋高宗绍兴十年（1140年）五月十一日，辛弃疾出生于山东济南府的一户官宦世家。辛弃疾出生时，正值宋金对峙，南宋偏安一隅。辛弃疾满腹报国志向，少年即两赴燕京，调查金国，后来又参加耿京抗金起义，生擒叛将，奉表南下归宋。

1. 生于乱世

　　江西省铅山县南十五里的阳原山中，有一座被荒草包围的古墓。除了风声和鸟鸣，这里大多时候是安静的。然而，在南宋度宗咸淳年间（1265—1274年）的某一天，时任史馆校勘之职的诗人谢枋得突然来到这里，他满怀崇敬地瞻仰过古墓后，在墓地旁的寺庙里住了下来。怪事就发生在这天晚上。

　　由于此墓地处偏僻，谢枋得费了不少周折才找到这里。早已疲惫不堪的他想早点休息，刚躺下来，忽听祠堂里传来悲愤的疾声大呼，就像有人在诉说自己的冤屈。那呼声从日落到三更，持续不绝。越是靠近他的寝室，呼声就愈加激昂。寺庙中的数十人听到这声音都以为是神明显灵。谢枋得听到这声音，思忖片刻，披衣而起，点亮蜡烛，提笔写了一篇祭文：

　　　　公有英雄之才，忠义之心，刚大之气，所学皆
　　　圣贤之事……大仇不复，大耻不雪，平生志愿百无一
　　　酬，公有鬼神，岂能无抑郁哉。六十年来，世无特立

异行之士，为天下明公论。公之疾声大呼于祠堂者，其意有所托乎？枋得倘见君父，当披肝沥胆以雪公之冤，复官还职，恤典易名录后，改正文传，立墓道碑，皆仁厚之朝所易行者。然后录公言行于书史，昭明万世，以为忠臣义士有大节者之劝。此枋得敬公本心亲国之事，亦所以为天下明公论，扶人极也。①

写到这里，门外呼声戛然而止，长夜复得安静。谢枋得吹灭蜡烛，总算能睡一个好觉了。

这位冤魂不散的墓主不是别人，他就是泣动山河、文武兼备的南宋词人、抗金英雄辛弃疾。

在后人眼里，辛弃疾不但是与苏东坡齐名的豪放词人，还是一位精通武略、胆识过人的统帅与将军，一生享荣耀无数。既然如此，他还会有什么未了的心愿呢？

一个人的荣辱与悲欢，总是离不开他所处的那个时代。让我们追根溯源，看看辛弃疾所处的那个时代究竟发生了什么。

靖康元年（1126年），北宋发生了一件大事。那一年，对宋朝的富庶觊觎已久的金朝灭了辽国后，再也按捺不住膨胀的野心，集合兵马一路狂飙南下，朝北宋发起攻击。一时间，中原狼烟四起，哀鸿遍野。次年，北宋首都汴京被金军攻陷，宋

---

① 〔南宋〕谢枋得撰《叠山集》卷七《祭辛稼轩先生墓记》，《钦定四库全书》影印本。

徽宗、宋钦宗两位皇帝成为阶下囚，北宋灭亡。因这一年为靖康二年，所以史称"靖康之变"。

宋徽宗的第九个儿子、宋钦宗同父异母的弟弟赵构因当时不在东京，躲过一劫，在大臣的拥戴下，逃到南京应天府（今河南商丘）称帝，即宋高宗，后定都杭州，是为南宋。为表示不忘国耻，杭州只能作为临时都城，因此改名为临安。

宋高宗即位十三年后，即高宗绍兴十年五月十一日，在济南府历城县（今山东济南历城区）一个叫四凤闸①的小村庄里，有户姓辛的人家诞生了一名男婴。男婴的祖父名叫辛赞，是位学识渊博的爱国士大夫，经过斟酌后，他给孙子取名辛弃疾。

据清人辛启泰《稼轩先生年谱》记载，辛家世代为官，辛弃疾五世祖辛维叶曾任北宋大理评事，后来因为朝廷委派，由甘肃的狄道迁居到济南。他的高祖辛师古曾任儒林郎。曾祖辛寂曾任宾州司户参军。祖父辛赞则效力于金朝，任朝散大夫。

公元1126年宋金交战，济南被金人占领。在金人的杀戮与压迫下，北宋的汉人们忍气吞声，过着水深火热的生活，辛赞的内心也无比焦灼与悲凉。他表面不动声色，内心却无时无刻不在想着如何揭竿反金，收复国土。可他虽有一腔报国之志，毕竟年岁太大，家族虽人口众多，却老的老，小的小，儿子也孱弱多病，

① 〔清〕田雯撰《古欢堂集》卷四《济南分题十六首》，其第九题为《四凤闸访辛稼轩旧居》，《钦定四库全书》影印本。

没有一个人能担此重任。每每想到这些，辛赞只能暗自伤悲，深深叹息。

辛弃疾的降生，让老人看到了希望，他给孙子取"弃疾"之名是有深意的。"弃疾"即"去病"。汉代著名大将军霍去病是辛赞的偶像。霍将军骁勇善战，十八岁就率领汉军进击匈奴，杀得敌军四散逃窜。他收复河西，攻占祁连山，又深入漠北，进军两千多里，兵锋逼近今俄罗斯贝加尔湖，致使匈奴远遁，从此再不敢觊觎中原。辛赞给孙子取此名，一方面是希望他能够平安健康地长大，不要像儿子那样孱弱，另一方面，寄希望他能像霍去病那样，驰骋疆场，收复失地，保家卫国。

辛弃疾出生时，南宋和金国已经对抗了十多年，南宋败阵于金国铁骑之下，偏安南方。虽与金国一年前达成了所谓的"天眷和议"，但也无法阻挡金人的兵锋。就在辛弃疾出生的这一年，宋金之间的战火又一次被点燃。

金朝皇子完颜兀术（汉名宗弼）悍然撕毁两国签订的和约，对犹豫不决、心存侥幸的南宋再次发起攻击。消息传来，南宋朝野上下为之震动。

南宋抗金名将岳飞得知后，慨然领命，出兵迎战。他率领军队挥师北伐，先后收复郑州、洛阳，攻破郾城、颍昌，大军所至，攻无不克。然而，正当岳飞率领的"岳家军"节节胜利时，朝廷却打算见好就收。在秦桧等人的谗言下，宋高宗赵构一连下了十二道"金字牌"，逼迫岳飞班师回朝。岳飞不得已只好下令退兵。

在宋金议和谈判时，为了表达诚意，讨金兵欢喜，宋高宗赵构不但与金人签订了耻辱的"绍兴和议"，答应称臣赔款，还以"莫须有"的罪名杀害了岳飞、岳云父子。自此，宋金长达十余年的战争状态结束了，形成了南北对峙的局面，宋高宗讨来了一时安宁，临安的西湖又开始歌舞升平。

按理说，宋高宗的父亲和哥哥被敌人掳去，正在遭受折磨，他应该不断北伐，迎回二圣，一雪国耻。但他没有这样做，宋高宗内心的小算盘众人都看得很清楚，他担心迎回二圣后，其皇帝位置不保。所以，在后来与金人的对峙中，他就在战与和之间小心翼翼地维持着一种平衡。

在南宋偏安一隅时，处在沦陷区的北宋百姓并没有甘当顺民。面对压迫，各地的抗金起义时有发生。

为防止百姓暴动，金太宗完颜晟下令从东北迁徙大量女真人移居中原，担任百夫长、千夫长。他们杂居在汉人中间，监视并统治他们。这些金人来了就是老爷，他们视汉人如草芥、牛马，大肆掠夺汉人的财物和土地，逼迫汉人做他们的佃农，给他们打长工。在他们残暴的统治下，汉人的日子更加难过了。

为了"以汉治汉"，收复民心，金国迫切需要一批有经验、有能力的管理人员，来巩固对中原的统治，因此，金国开始对北宋原来的官员采取安抚政策，"辽、宋旧有官者皆换授"[①]，鼓励

---

① 〔元〕脱脱等撰《金史》卷一百二十五列传第六十三《蔡松年传》，中华书局，1975，第2715页。

北宋的旧官故吏重新出山，担任官职，为他们效力。

　　早在靖康之变朝廷南迁后，儒家思想根深蒂固的辛赞就想携家南移，追随新君，共御外侮。但因家族人口庞大，老弱妇孺众多，举家南迁实非易事，抛家舍业又于心不忍。经过激烈的思想斗争后，迫于生计，辛赞决定留下来，暂屈于金人帐下，在金廷为官。每当想起自己的汉人身份，辛赞心里总会有种愧怍与不安。此时，虽然北宋已灭亡十多年，但南宋朝廷尚在，以汉人身份在金廷为官者，常常遭到汉族人士的鄙视，被称为"虏官"，用现在的话说，就是"汉奸"。辛赞在金廷为官的十多年里，虽屡屡遭到误解，却从没有一刻忘记过国仇家恨。他忍辱负重，对故国充满着深深的眷恋，一直盼着中原光复的那一天。

　　他的这一情怀，也在潜移默化地影响着他的孙子辛弃疾。父亲病逝后，辛弃疾一直跟随着爷爷生活，随其宦游各地。为了让孙子牢记国耻，辛赞总是不失时机地向他灌输抗金复宋的思想。他带着年幼的辛弃疾凭吊山河，回想故国往日的太平景象，还常在闲暇时与他一起登高望远，指画河山，告诉他哪些地方曾经是战场，哪些地方可为起事的凭借。辛弃疾每次都听得很认真，在金国长大的他，跟爷爷一样，内心有着极强的民族自尊心和爱国之情。

2. 横槊少年

虽然诗词让辛弃疾青史留名，但他平生最喜欢做的事非写诗词。"宁为百夫长，胜作一书生"（唐·杨炯《从军行》），在战场上叱咤风云、建功立业才是他的人生追求。"少年握槊，气凭陵、酒圣诗豪余事"（辛弃疾《念奴娇·双陆和坐客韵》），从少年时，他就立下壮志，横槊弄枪，豪气干云，至于喝酒、作诗那些事情，他认为都是不值一提的小事。

辛弃疾七岁那年，时为谯县县令的祖父辛赞为他聘请了一位老师。这位老师名叫刘瞻，字岩老，是当时著名的文学家，尤擅长写诗。他的诗工于野逸，如"厨香炊豆角，井臭落椿花"，在当时颇有知名度。[1]

刘瞻见眼前这小孩儿年龄不大，却刚毅稳重，甚是欣喜，当即决定收下，并为辛弃疾取字"坦夫"。古时候，家里生了

---

[1]〔金〕元好问编《中州集》乙集第二《刘内翰瞻》，中华书局，1959，第80页。

小孩儿，一般由长辈为其取名，等长大入学后，再由老师为其取字。字是对名的补充和延伸。"坦夫"这个字伴随辛弃疾近二十年，直到他南渡抗金时，才把"坦夫"改为"幼安"，可能是觉得"幼安"与"弃疾"意思更相符，希望自己能够效仿西汉大将霍去病，奋勇杀敌，带领将士打败敌人。

归到刘瞻门下后，辛弃疾开始了正规的蒙学教育。在刘瞻的点拨下，辛弃疾的学业日益精进。他接触和学习了大量儒家典籍，了解了诗词创作的精妙之处，为日后走入仕途和求学问道都打下了坚实的基础。更可贵的是，他还在这里结识了一度被他奉为知己的同学党怀英。①

党怀英是山东泰安人，比辛弃疾年长六岁，两人同在刘瞻处学习，才华不相上下，都是刘瞻的得意弟子，两人常在一起探讨诗词学问，形影不离，在亳州的读书界有"辛党"之称。

---

① 〔金〕元好问编《中州集》丙集第三《承旨党公》，中华书局，1959，第130页。

3. 两赴燕京

　　辛弃疾在刘瞻门下学习了几年，收获颇丰。大概在金天德三年（1151年）前后，因刘瞻要去金国都城参加科举考试，辛弃疾不得不离开了刘瞻门下。

　　金朝刚吞并北宋时，南方与北方的考试有所区别，北方侧重于辞赋，而南方偏重经义。后来，朝廷下令南北科选合二为一，不再用经义、策论，只用辞赋取士。要想考到进士、举人，需要通过乡试、府试、会试、殿试四关。①以刘瞻的学问，考取功名自然不在话下。天德三年，刘瞻果然高中进士，此后，他携家北上，在金国入仕为官。大定初年，刘瞻被召为史馆编修，从此专心编写历史，赋诗作词，不问世事。②

　　离开老师后，辛弃疾并没有放弃学习，十四岁那年，他先

_____

① 〔元〕脱脱等撰《金史》卷五十一志第三十二《选举一》，中华书局，1975，第1129—1148页。
② 〔金〕元好问编《中州集》乙集第二《刘内翰瞻》，中华书局，1959，第80页。

通过了济南府的乡试，后又通过府试，得到了去金国都城燕京参加科举考试的机会。同年年底，辛弃疾辞别祖父，由祖父手下的一名小吏陪同，赴燕京赶考。与其他学子不同，辛弃疾似乎对自己能否考中并不关心，燕京之行，对他来说，还有更重要的任务。临行前，祖父再三嘱咐，希望他能够借此机会深入金人统治中心，刺探金人军事部署，窥察金国政治形势，为以后反金复宋做准备。

辛弃疾牢记祖父的话，一路仔细勘察山川地形。官府的军事设施和粮草所在地，更是他重点关注的地方。一路走一路看，绍兴二十四年，即金贞元二年（1154年）正月，辛弃疾和小吏终于到了燕京城下。

燕京本是辽国的陪都，金军入侵辽国后，攻下燕京交还宋朝，改名为燕山府。金天德元年，即绍兴十九年（1149年），金国皇帝完颜亮登基后，认为如今的金国地域广袤，而首都却偏于东北一隅，与他所追求的中原正统王朝不符，遂决定把都城由上京会宁府（今黑龙江省哈尔滨市阿城区）迁往燕京。完颜亮迷恋汉人文化，下令在燕山府的基础上，仿照北宋都城东京的样子营建新都城。新都营建工程浩大，征调工匠、民夫近百万人，历时三年才建造完毕。新都城竣工后，金贞元元年（1153年），金主完颜亮率领文武大臣，从原来的上京会宁府正式迁往燕京。

辛弃疾到了燕京后，应试还有些时日，他先去拜访了他的老师刘瞻。看到得意弟子辛弃疾，刘瞻非常高兴，一边为他备考进士提供建议，一边向他引荐燕京的文坛名宿。辛弃疾和金国文坛的名人蔡松年就是这个时候相识的。

蔡松年，字伯坚，号萧闲老人，冀州真定（今河北正定）人。北宋末年，他曾跟随父亲镇守燕山，在军中掌理机宜文字。宋军战败后，他随父降金，成为元帅府的令史。后因才华被完颜亮所欣赏，受到提拔重用，曾官至右丞相，封卫国公。他还是当时有名的大文人，其作品风格隽爽清丽，词作尤负盛名。有"北方文雄"之称的金末文学家元好问曾评价他说："百年以来，乐府推伯坚与吴彦高，号'吴蔡体'。"①吴彦高是金国的另一位才子。

关于辛弃疾与蔡松年的交往，史料中记载："蔡光工于词，靖康间陷于虏中，辛幼安常以诗词参请之。蔡曰：'子之诗则未也，他日当以词名家。'故稼轩归本朝，晚年词笔尤高。"②在辛弃疾的交际圈中，找不到蔡光这个人，很多学者认为，"光"即蔡公，因为"公"和"光"的草书非常相似。而蔡公指的就是蔡松年。这条记载的大意是，辛弃疾曾经拿着自己的诗词去请教蔡松年。蔡松年鼓励他说："你作诗未必能有前途，作词却很有潜力，以后往词的方向发展，一定能成为名家。"辛弃疾

---

① 〔金〕元好问编《中州集》甲集第一《蔡丞相松年》，中华书局，1959，第22页。
② 〔南宋〕陈模撰、郑必俊校注《怀古录校注》卷中，中华书局，1993，第60页。

回去后，按照蔡松年的指点改志于作词，果然成了一代名家。蔡松年是当时的著名词人，辛弃疾归宋后有很多词作流传，应该与蔡松年这位大词人的点化有关。他一生勤于作词，很少写诗，也应是受了蔡松年的影响。

这一次来燕京应试，辛弃疾落榜了，他似乎早有所料，与小吏收拾行装，匆匆离开了让他们难以忘怀的燕京，踏上了回乡的旅程。

祖父辛赞见孙子平安归来，一颗心总算是放了下来。当晚，爷孙俩彻夜交谈，辛弃疾把这次进京应试的经历和一路上的见闻都一一讲述。辛赞频频点头，他为孙子敏锐的观察和非凡过人的记忆力感到高兴，至于辛弃疾为何落榜，他没有太在意。他只是告诉辛弃疾，功名利禄只是过眼云烟，成大事者应不拘小节，不必将一些小小的挫折放心上。

就这样，辛弃疾时而在家里习文练剑，时而出去拜师访友，日子过得倒也充实。时光荏苒，转眼又过了三年。当时的科举制度规定，进士科的考试每三年举行一次。绍兴二十六年，即金正隆元年（1156年）年底，又到了进京赶考的日子，辛弃疾决定再次进京参加应试。

有了上次北行的经验，加上三年来的历练，辛弃疾成熟了很多。一路上，他像上次一样，注意观察金国的山川形势，将官府仓库位置一一牢记在心头，对上次应注意的一些事项又作了一番更深入的考察。

这次赴京应试，辛弃疾榜上有名，十八岁的他考中了进士。①然而，对他来说，两次进京赶考的经历比高中进士更重要，这也是他少年时期最大的收获。后来，他把自己两次赴京所了解到的情况，写入了他的军事论文《美芹十论》和《九议》中。

考中进士后，辛弃疾本应立刻被授予官职。但史料中并没有辛弃疾在金国做官的记录。辛弃疾在《美芹十论》中写道："大父臣赞……尝令臣两随计吏抵燕山，谛观形势，谋未及遂，大父臣赞下世。"我们由此推断，辛赞可能于辛弃疾第二次赴燕京应试后不久去世。辛弃疾没有做官，可能与为祖父守丧有关。

辛赞是对辛弃疾成长影响最大的亲人，祖父的离世，对辛弃疾是一个很大的打击，但他很快就从悲伤中走了出来，因为"粤辛巳岁（1161年），逆亮南寇"②。辛弃疾敏锐地感觉到，他一直等待的起事反正的机会就要来了。

---

① 另有观点认为辛弃疾未中进士。称辛弃疾为"进士"仅见南宋徐梦莘撰《三朝北盟会编》，《钦定四库全书》影印本，其卷二百四十九载："绍兴三十二年正月十八日乙酉……京然之，乃遣进士辛弃疾行。"然而金朝府试通过也可称进士。
② 〔南宋〕辛弃疾：《美芹十论》，转引自〔明〕杨士奇等编《历代名臣奏议》卷九十四，《钦定四库全书》影印本。

4. 投奔耿京

　　把国都从会宁府迁往燕京后，金国皇帝完颜亮又起了野心，他不顾一些大臣的反对，于南宋绍兴三十一年（1161年），打破金宋以淮河为界的默契，以举国之力，挥师攻宋。

　　完颜亮虽然好战残暴，藐视南宋，却偏偏喜欢汉文化，尤其对唐诗宋词，更是钟爱有加。有人说，完颜亮南侵，是因为看到了北宋词人柳永的《望海潮·东南形胜》词。柳永在词里把杭州描写得豪奢荣艳，美轮美奂，尤其是"三秋桂子，十里荷花"的句子，让完颜亮心生羡慕，遂决定攻打南宋，把杭州占为己有。[①]其实，完颜亮决定攻宋，最主要的原因是巩固他的统治。

　　世人皆知，金主完颜亮是一位弑君篡位的皇帝，为了以绝后患，他大肆杀戮宗室大臣，甚至连嫡母和侍婢也不放过。

---

① 〔元〕刘一清撰《钱塘遗事》卷一《十里荷花》，《钦定四库全书》影印本。

完颜亮即位后，为避免上京的皇亲贵族睹物思人，他又费尽心机，把国都迁往燕京，然后下令撤销留守司衙门，把旧都宫殿全部毁掉，夷为平地后，让百姓在上面种上庄稼，不留一丝痕迹。

迁往新都后，为了转移国内的矛盾，完颜亮决定出兵讨伐南宋，一统天下。他曾以诗明志："万里车书尽混同，江南岂有别疆封？提兵百万西湖上，立马吴山第一峰。"①意思是，万里江山应该是统一的，江南怎么能容许有别的朝廷呢？我要带领百万雄兵到西湖，骑马踏上吴山第一峰。然而，完颜亮没有想到，这一次他精心准备的南征，却成了他个人军事和政治生涯的绝唱。

一开始，金国的大军进展顺利，打了几次胜仗，顺利渡过淮河占领了盱眙、扬州等地，逼近长江。

不料，这时的金国后院起火，金宗室完颜雍乘后方空虚之际，夺取政权，在东京（今辽宁辽阳）称帝，就是金世宗。

金世宗登位后，随即下诏声讨完颜亮过去的残暴罪行。完颜亮闻讯大惊，在进退两难的情势下，他决定一意孤行，先取南宋或至少胜利渡过长江，捞回个面子后，再北上争夺帝位。

然而，在南宋虞允文等将领的阻击下，完颜亮在采石一带

---

① 〔南宋〕岳珂撰《桯史》，《钦定四库全书》影印本，卷八记此诗为完颜亮所题。然徐梦莘《三朝北盟会编》卷二百四十二则认为此诗是翰林学士蔡珪所作，而为完颜亮所冒名，文字也略有出入。

连遭败绩。这样一来，他觉得更没面子了，暴怒的他把怨气全撒到了兵士身上，下令金军三天内全部渡江，否则处死。被逼得走投无路的金军将领忍无可忍，于是发动兵变，群起袭杀了完颜亮，接着与宋军议和北返。

就这样，一场惊扰天下的南征大计竟是这样的走向，而且它还带来了另外一个结果。

完颜亮南侵时，为了打这一仗，对百姓横征暴敛，本就贫苦的人民更加民不聊生。被金人奴役多年的契丹人和饱受压迫的汉人忍无可忍，纷纷起来反抗。一时间，农民起义和抗金运动风起云涌。众多起义武装中，人数最多、声势最大的当数活跃于山东地区的耿京的队伍。

耿京本是济南人，早在完颜亮侵犯南宋之前，他就因无法忍受金国过重的赋税，而集结了李铁枪等豪杰们起来反抗。在战斗中，他们的队伍像滚雪球一样，越来越大。后来，莱州人贾瑞也带领一小支队伍投奔了耿京。短短几个月内，他们的部队已经发展到了二十多万人，成了山东起义军的主力。起义军转战莱芜、泰安，进驻东平府，以此为根据地，自号"天平军"。

风起云涌的抗金起义，让辛弃疾看到了机会，他觉得自己长久立下的报国之志终于可以实现了。在正式参加抗金斗争之前，他先去找了自己的同窗好友党怀英。他这样做，或许也有劝他同自己一起抗金归宋的想法。

　　然而由于生活经历和个性的不同，随着年龄的增长，二人对未来的选择发生了分歧。党怀英早年丧父，由母亲抚养长大，他性格温和，善于忍耐，民族情绪不强。这就与从小受祖父影响，有着很强的民族自尊心，仇恨金国，又个性鲜明的辛弃疾有很大不同。二人讨论着未来往何处去，谁也说服不了谁，最后决定以著草起卦的方式决定，结果党怀英如愿得到"坎"，而辛弃疾得到了"离"。八卦之中，坎卦属水，意味着适合在北方谋职；离卦属火，意味着适合在南方发展。卦象的不同，也意味着两人从此将走上不同的道路。

　　这个占卦结果，更加坚定了辛弃疾反金归宋的决心，他与党怀英告别后，迅速变卖家产，树起了抗金大旗。

　　关于辛弃疾与党怀英的分别方式，还有另外一个说法。元人王恽《玉堂嘉话》记载："弃疾，字幼安，济南人。姿英伟，尚气节。少与泰安党怀英友善。肃慎氏既有中夏，誓不为金臣子。一日与怀英登一大丘，置酒曰：'吾友安此，余将从此逝矣。'遂酌别而去。"①大意是说，辛弃疾相貌英武，是个很重气节的人，少年时与泰安的党怀英关系很好。金人侵占中原后，辛弃疾发誓不在金国为臣。某一天，两人登上一个大土丘，喝酒谈心，因志气不投，最后辛弃疾说："你就安心留在这

_____

① 〔元〕王恽撰《玉堂嘉话》卷二《辛殿撰小传》，《钦定四库全书》影印本。

里吧，我是一定要走的。"喝完酒后，两人就分别了。

两条记载看似矛盾，其实并不冲突，也许是史学家有选择的记录，反正最后的结果都是一样的，为了各自的志向，他们选择了分道扬镳。

党怀英留在金国，入翰林院，编修国史，成了一代文字宗主，辛弃疾南渡后，则显名于南宋朝廷。两人虽然选择的道路不同，但都取得了一定的功业。这些都是后话。

辛弃疾鼓动族众和周围的贫苦农民都参与进来，很快就聚众两千余人。不过他深知两千人的队伍，在声势浩大的金军面前是不堪一击的，遂决定率领队伍去投奔耿京。

一个月色晦暗的夜晚，辛弃疾悄悄集合队伍朝东平方向行进。他一改往日的书生形象，全身戎装，腰佩长剑，骑一匹枣红色高头大马，于黑暗中端坐马背，威风凛凛。

数天之后，这支初生的义军终于来到了东平。

耿京种田出身，没有什么学问，当他听说辛弃疾这样的世家子弟也来投奔他时，非常高兴，当即任命他为东平节度使掌书记，做自己的机要秘书，连军中的大印也交予辛弃疾保管。

加入天平军后，辛弃疾就经常观察这支队伍。他发现天平军大多来自底层，对领兵打仗没什么策略。他暗暗想，如果军中能有一些懂兵法的人就好了，可以教练军队，提高战斗力。这时，他想起了一个叫义端的人。

义端是个和尚，平时除了念经，还喜欢谈论兵法，辛弃疾跟他有过一些交往。听说他也树起了抗金起义的大旗，还拉起了一支一千多人的队伍。辛弃疾想，如果能把他劝来投奔耿京，义军岂不是如虎添翼？他把想法告诉耿京后，耿京大喜，让他速去招揽义端，快去快回。

接到命令后，辛弃疾快马加鞭，很快在济南找到了义端。可义端却似乎有别的想法，他嫌弃耿京是个泥腿子，斗大的字不识几升，又没有谋略，不太愿意与其为伍。

辛弃疾有些失望，但他仍好言相劝，他告诉义端，耿京虽然来自草莽，但重情重义，视士兵如兄弟，从不摆架子，山东的义军都愿意听从他的号令，就连大名府的王友直（另一支抗金队伍领袖）也派人与他联系，愿意共图大事。最终，义端答应跟随他投奔耿京。

辛弃疾走的时候单枪匹马，回来的时候带了一支队伍。耿京喜出望外，立刻任命义端为右军副将，继续率领原来的人马。

虽然辛弃疾请来了义端，但毕竟两人相交不深，对这个人不是很了解。投奔天平军后，一开始义端还算循规蹈矩，但时日不长，就暴露了本性。他经常在下属面前发牢骚，口出怨言，说在这里受人管辖难得自由，想把队伍拉出去。可令他失望的是，无论他怎样撺掇，原来的部下都愿意跟随耿京，没有一个人附和。

后来，义端决定铤而走险，只身投奔金人。

这天，义端忽然失踪了。起初辛弃疾还以为他有事外出，没有太在意，可作为掌书记的他忽然又发现，自己保管的义军大印竟然也不见了。两件事结合到一起，他很快断定，大印的丢失一定跟义端有关。

耿京很快也知晓了这件事，他气愤不已。义端是辛弃疾找来的，料想两人交情肯定不错，现在出了这种事，辛弃疾定是同谋，看来文人就是靠不住。耿京越想越气，他下令先绑了辛弃疾，等查出端倪，再替义军清理门户。

辛弃疾知道自己是掌书记，如今大印丢失，无论什么理由都难辞其咎。他对耿京说："给我三天时间，抓不到义端，再杀我也不晚。"

事已至此，耿京只好同意。根据对义端的了解，再加上他平时的一言一行，辛弃疾断定，义端偷走大印后，一定会投靠金军，以大印做见面礼，来换取他想要的荣华富贵。想到此，辛弃疾纵身上马，朝金营方向赶去。

一路上，辛弃疾人不解甲，马不卸鞍，经过近两天的跋涉，终于在离金军不远的地方追上了义端。见辛弃疾怒气冲冲赶来，义端知道事情已经败露，辛弃疾不会轻饶自己，忙讨好说："我识得你的真相，你是天上的青牛星转世，力气大得能杀人，但求你千万不要杀我。"

辛弃疾是个重情义的人，义端的叛逃陷自己于不义，还差点让自己送了性命，这些他都可以原谅，但义端偷大印献给金军，触碰了辛弃疾的底线，让他无法容忍。辛弃疾没有跟义端废话，他冷笑一声，手起刀落，义端还没反应过来便人头落地了。

辛弃疾提着义端的人头和大印来见耿京，耿京这才知道错怪了这个年轻人，从此对他更加敬重，几乎事事都要征求辛弃疾的意见。

5. 生擒叛徒

完颜雍即位后，采取了胡萝卜加大棒的政策分化起义军。他一边下诏书，告知起义军只要放下武器，他便既往不咎，对归降的义军领导层更是开出大价钱，许以高官厚禄；一边调集大兵，要把继续反抗的义军各个击破。耿京所领导的义军是当时声势最大的一支，当然是金朝首先要解决的目标。

天平军虽然号称数十万之众，其实大多是些拖家带口来投奔的老百姓，实在很难独力与金兵抗衡。耿京也深知这一点，为了给义军谋一个好出路，他已经几天几夜没合眼了。

这天，辛弃疾来面见耿京。他首先分析了眼前的形势，列举了义军所面临的困难，然后提出了自己的主张。他建议向南发展，依附大宋朝廷，只有这样，才能保全实力，以图将来东山再起。

这条出路耿京也曾经想过，但他不知道南宋对他们的态度，心里没底。为了慎重，他决定先派二把手都提领贾瑞渡江，去宋廷探探虚实。

贾瑞是莱州人，是在耿京起义之初率众前来投奔的，在军中的地位仅次于耿京。然而，贾瑞是个武将，打仗很有一套，却不识字，对外交公关不是很有把握。他怕受到朝廷诘问，万一答不上来会很难堪，便提议让掌书记辛弃疾陪同。耿京想想也是，便点头同意，当即任命贾瑞为正使，辛弃疾为副使，带领九名随从，前往江南晋谒宋高宗。

绍兴三十二年，即金大定二年（1162年）正月，辛弃疾一行人历经艰险，辗转来到建康，终于见到了正在那里视师劳军的宋高宗赵构。

在这之前，宋高宗听说完颜亮被杀后大喜，一改往日避敌怯战的作态，下令追赶敌军，他自己从临安出发，一路乘船北上，临江督战。听说山东有义军前来归顺，他非常高兴，马上接见了辛弃疾一行。

见到宋高宗后，辛弃疾奉上了为耿京起草的归顺表文，宋高宗龙颜大悦，许诺要为他们加官晋爵。第二天，诏书就传了下来，任命耿京为天平军节度使、知东平府兼节制京东路、河北路忠义军马；授贾瑞敦武郎、阁门祗候；授辛弃疾为右承务郎，天平军节度使掌书记。其他跟随来的人都封了修武郎和成忠郎。除此之外，朝廷还派出两名使臣，专门带上诰命、符节，跟随他们返回山东宣封。

得到这样的结果，辛弃疾和贾瑞都很高兴。建康城到起义军总部东平府有近千里，他们无心停留，打算尽快返回东平府，把这个好消息告诉耿京和天平军的弟兄们。

可是，才到楚州（今江苏省淮安市淮安区），同行的两名使者便不敢再往前走，前面是宋金边境，他们担心遇到金军，小命不保，要求在海州（今江苏省连云港市）等待耿京前来迎接。辛弃疾实在拗不过他们，只好同意先行返回。这时，恰好遇见此前打过交道的京东招讨使李宝，李宝忙喊来已随他南下的前义军将领王世隆，昔日弟兄相见，分外亲切，王世隆决定率领二十骑护送他们。

然而，刚走了一半路程，他们便听到了耿京遇刺身亡的消息，这消息不亚于晴天霹雳，一行人都惊呆了。

原来，起义军队伍本就鱼龙混杂，一些人经不住金廷的诱惑，跑的跑，散的散，降的降。更有一些宵小之徒想趁火打劫，趁耿京的左膀右臂贾瑞、辛弃疾不在军中之际，意图将自己主帅的项上人头献给金军，以换取他们想要的荣华富贵。

经过谋划，叛将张安国、邵进等人杀害耿京后投敌，他们留下一部分愿意继续跟随他们的义军，其余的全部遣散回家。盛极一时的天平军从此烟消云散，不复存在。

听到这个消息，辛弃疾痛心疾首，自从他投奔了天平军，耿京一直待他亲如兄弟，且不说那份恩重如山的情谊，单说这次领了宋高宗的封号，却没有了将领和军队，该如何回去复命？

一时间，大家都陷入了沉默。半晌，贾瑞先开了口，他认为主帅已死，大家继续北行已经没有意义，不如就此南返，向朝廷说明实情，他说："天子待我们恩重如山，只要我们据实回报，朝廷定能宽恕我们。"

贾瑞的主张，大多数人都表示赞同，认为别无他法，也只能如此。

但辛弃疾不同意这样做，他说："大家不要忘了，我们这次南行是受了耿帅嘱托，如今又蒙圣上的差遣，回军里宣布诏命。现主帅身死，若我们就此灰溜溜地回去，岂不让江南的英雄豪杰看扁了我们？！"

众人再次沉默。贾瑞叹了一口气："话是如此，但不这样，又能如何呢？"

"很简单，杀了叛贼张安国，替主帅报仇！"

辛弃疾一字一句，说得掷地有声。大家都被他的豪气所震慑，但对如何去杀张安国依然没有头绪。张安国被招安后，已经被金国任命为济州（今山东济宁）知州，济州是金国重镇，驻有金国重兵。况张安国手下还有五万义军残部，要想杀他谈何容易？但辛弃疾决心已定，任何人都无法劝阻。为了确保万无一失，他同将士们详细策划了一个方案，方案的主题是：只能智取，不能强攻。

说干就干。辛弃疾带领众人先返回海州，向李宝师部借了三十名精锐骑兵，加上王世隆的二十人，一共五十骑兼程北上，直奔济州而去。

他们一路日行夜宿，很快来到山东济州附近。到了距离济州还有五十里的地方，辛弃疾决定每隔五里留下五人作为接应，便于大家得手后立即南返。

黄昏时分，辛弃疾、王世隆和马全福三人来到大营外面。守门的金人哨兵看他们眼生，拦住了他们："站住，你们是干什么的？"

辛弃疾不慌不忙走上前应答："我们是知府张大人的老友，今日前来投奔，麻烦你快去通报一声。"说着，把早已备好的一锭银子递了过去。那士兵接了银子，面露喜色，问过姓名后，一溜烟进去通报。

再说张安国，杀害耿京投奔金军后，当了知州，自认为从此就可以安享荣华了，每天都要举行宴饮，庆祝自己升官发财。此刻，他正与部下和几个金军将领猜拳行令，饮酒狂欢。当他听到哨兵来报，说辛弃疾和王世隆前来拜访时，酒醒了一半，再一问来人数量，顿时放下心来。

他知道辛弃疾一行去南宋谒圣，此刻应该已经得知义军内部发生的事情。他认为辛弃疾等人一定是走投无路，前来投奔他的，不由心中大喜。他知道辛弃疾是个将才，如若把他献给金军，自己定能封官加爵。想到此，他忙站起身来，假装热情地出门迎接。

张安国刚走出营房，还没看见人影，就感觉到一股凉意，一把剑架到了自己脖子上。

辛弃疾从一旁闪出，右手持剑，左手将身形瘦小的张安国轻轻提起，往身后一扔，冷冷地说："绑了！"

王世隆和马全福手疾眼快，眨眼工夫就将张安国绑好，扔到了马背上。张安国这才知道大事不妙，吓得瑟瑟发抖："掌……掌书记，饶了我吧，兄弟我……我这也是被逼无奈呀！"

济州的士兵大多是耿京的部下，对辛弃疾毫无防备，等他们明白过来，张安国已经做了俘虏。

辛弃疾大声说："兄弟们，张安国卖主求荣，人人得而诛之，当日耿将军待大家不薄，何苦为这狗贼卖命！"

众军士并不想待在金营，只是被当时形势胁迫，畏惧忌惮张安国的势力，现见张安国被俘，又听辛弃疾这么一说，当场便有上万士兵起而反正，辛弃疾和王世隆便率领着这上万人马渡河而南，向着淮泗地区疾驰而去。一路上，他们渴不暇饮，饥不暇食，一直到渡过淮水才停下休息。

这次行动，他们没有损失一人一马，便擒获了叛贼张安国，大家都分外高兴。王世隆建议将张安国就地正法，免得多个累赘，影响大家行军。但辛弃疾认为，耿京是朝廷命官，杀害朝廷命官的凶手理应由朝廷裁决。最后，大家一致同意辛弃疾的意见，决定把张安国押解回南宋，依律惩处。

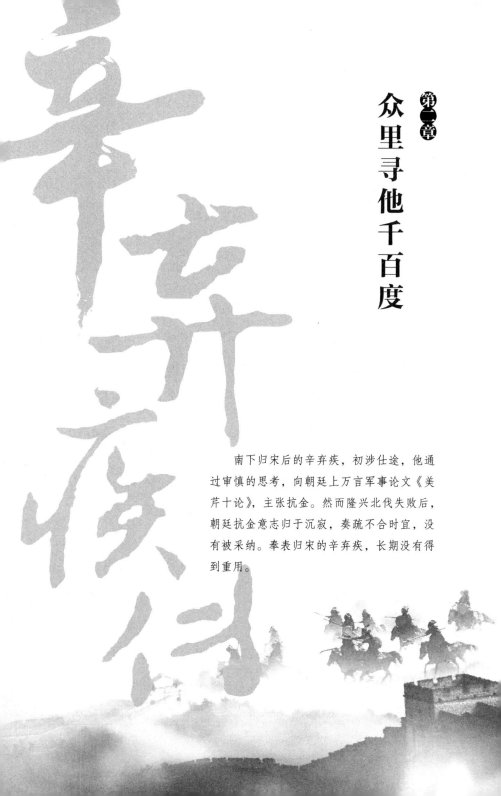

第二章 众里寻他千百度

南下归宋后的辛弃疾，初涉仕途，他通过审慎的思考，向朝廷上万言军事论文《美芹十论》，主张抗金。然而隆兴北伐失败后，朝廷抗金意志归于沉寂，奏疏不合时宜，没有被采纳。奉表归宋的辛弃疾，长期没有得到重用。

1. 初涉仕途

　　辛弃疾一行，束马衔枚，披星戴月，经过两昼夜的疾驰，终于摆脱金人的追击，将叛徒张安国押到了南宋。

　　宋高宗赵构虽然声言攻金，但并无实力也无心力真正抗击金国，随着金军的北返，赵构在外巡视一圈便于绍兴三十二年二月返回临安，并遣使与金议和。

　　临近都城临安，正值初春，万物复苏，百草权舆，到处一派欣欣向荣的景象，但辛弃疾的心里却有些忐忑不安。李宝很理解他的心情，为了让朝廷了解事情的经过，他特意将智取张安国的经过如实写入奏章，让王世隆随身携带，面呈皇上。

　　宋高宗赵构看到奏章后，大为震动。他们以区区数十人，直扑重兵把守的敌营，深入虎穴，竟然能在敌人的眼皮子底下将叛贼活捉，还带回这么多人马，古往今来的英雄豪杰虽多，但有如此胆识的能有几人？宋高宗看到辛弃疾如此英勇果敢，又意外又惊喜，不由赞叹道："辛卿对朝廷忠心耿耿，真乃我朝英雄也！"众臣也对辛弃疾等人的英勇壮举钦佩不已，连连称赞。

第二天，宋高宗下令，将张安国拉到临安城外的刑场斩首，并示众三日，以儆效尤。

张安国被斩首后，临安城的百姓无不拍手称快。一夜间，辛弃疾成了人们口口相传的传奇英雄。南宋的文学家洪迈后来为辛弃疾的带湖新居落成专门写了一篇散文《稼轩记》，其中对这件事做了详细的描述，他写道：

> 齐虏巧负国，赤手领五十骑缚取于五万众中，如挟毚兔，束马衔枚，间关西奏淮，至通昼夜不粒食：壮声英概，懦士为之兴起！圣天子一见三叹息。

翻译成白话就是张安国背叛了国家，辛弃疾赤手空拳率领五十位骑兵将他从五万人中捆绑回来，就好像撬开巉岩逮住兔子一样容易，他们束马衔枚，取道淮西南下，一天一夜没有吃饭，其声势雄壮慷慨，那些怯懦的人都非常受鼓舞，连皇上也对他赞叹不已。

随后，辛弃疾接到诏书，朝廷任命他为江阴签判，择日即可赴任。

签判是州府长官的助理。江阴军处于长江下游，在当时属于两浙西路，位置相对比较偏僻，辖区只有江阴一个县，公事和应酬都不多，可以说是一个闲官。辛弃疾当时的声望很高，连皇上都对他赞叹不已，可为什么只给他这么一个闲职呢？这背后的原因，应与辛弃疾当时"归正人"的身份有关——人们将从北方沦陷区过来的人，称为"归正人"。或许朝廷认为，"归正人"是不能轻易信任的，更不可贸然委以重任。加上辛弃疾那年才二十三岁，正是年轻气盛，朝廷大概觉得有必要让他从基层做起，加以历练。

辛弃疾并没有嫌弃官职低微，只是刚刚在北方经历了血与火的淬炼，对闲散的生活有些不太适应。他的抱负是武装抗金，收复失地，没想到回归南宋后，进了仕途，与他征战沙场的梦想相距甚远，思想有些落差。

辛弃疾担任江阴签判几个月后，南宋朝廷又发生了一件大事——做了三十五年皇帝，时年五十六岁的宋高宗赵构宣布退位了。

原来，完颜亮侵宋失败，辛弃疾等人回归大宋后，军民要求朝廷抗金、收复失地的呼声越来越高。宋高宗已经被金兵吓破了胆，不想再惹事端，所以他被这呼声搅得寝食不安，思来想去，认为只有自己退位，才能够过逍遥自在的生活。于是，绍兴三十二年六月，他以倦勤而想多休养为由，主动下诏禅位，把皇位让给了养子赵昚，是为宋孝宗。

赵昚是宋太祖赵匡胤的七世皇孙，而宋高宗则是赵匡胤的弟弟宋太宗赵光义的后代。自从赵光义担任皇帝后，就一直是父子相传，皇帝的位子没有再回到赵匡胤的子孙手里。到了高宗这一朝，他为什么把皇帝的宝座让给了赵昚呢？其中的缘由，与三十年前的一场政变有关。

建炎三年（1129年），也就是宋高宗赵构即位两年后，由于他宠信权臣贪官，引起了很多人的不满。那一年的三月初五日，南宋都指挥使苗傅和刘正彦发动兵变，诛杀王渊等权臣宦官以清君侧，并逼迫赵构将皇位禅让给三岁的皇子赵旉。为了让苗傅等退兵，宋高宗赵构只得全部照做。兵变后不久，各地将领纷纷勤王平乱，出兵镇压发动叛乱的苗、刘二人。苗傅和刘正彦见局势失去控制，连忙奉赵构复辟。四月初一日，宋高宗复辟。最后苗傅和刘正彦两人兵败，在建康闹市被处决。

三岁的赵旉在宋高宗复辟后被立为太子，不久就生病发烧，后因宫女和保姆在护理时，不小心踢到金炉发出声响，使其受到惊吓，致使病情加重，于同年的七月十一日去世。

赵旉是赵构唯一的孩子，赵旉病死后，赵构再没有生育。作为堂堂大宋的皇帝，居然没有继承人，为此赵构心焦不已。于是，在宋高宗绍兴二年（1132年），对自己的生育能力越来越绝望的赵构，决定选两个太祖系的孩子养在后宫（就是普安王跟恩平王），以培养一个继承人，并任命才学和品德俱佳的史浩当他们的老师。

两位皇子长大后，为了确认谁才能继承皇位，高宗也曾费尽心机。为了考验两位皇子的心性，有一天，高宗让他们各抄写《兰亭序》五百本。老师史浩深知皇帝的用意，所以建言道："君父之命不可不敬从。"过了几天后，普安王写了七百本进献给高宗，而恩平王却一字未写。又过了几天，高宗又赐两王宫女各十名，让她们侍奉两王。老师史浩又出来劝谏他们："这些宫女都是平日在皇帝面前侍奉的人，请大王用对待庶母的礼节对待她们，不亦善乎？"普安王听后乖乖按史浩所说去做，但是年少的恩平王却没能忍住美女的诱惑。一个月后，高宗召回了所赐宫女，侍奉普安王的都还是处子之身，而侍奉恩平王的都已经被玷污。[①]

经过这两件事后，高宗已经在内心确定了未来的接班人选。

普安王就是后来的赵眘，出生于靖康之变时的他，有着很强的家国情怀。从入宫到即位的三十年里，赵眘小心谨慎，几乎对赵构言听计从，但唯有对金的和战方面，他不愿妥协。他一心主战，在当皇子时，就经常骑马射箭，练习武功，盼望有一天能够上战场杀敌。据说他平时出入都会持一根黑色的手杖，手杖由纯铁铸成，两个太监才能抬动，而他却能拿在手里把玩，可见力气之大。[②]

---

① 〔南宋〕罗濬等撰《宝庆四明志》卷九郡志卷九《先贤事迹下·史浩》，清徐氏烟屿楼校本。
② 〔南宋〕罗大经撰《鹤林玉露》卷五，《钦定四库全书》影印本。

2. 天赐佳缘

南渡之初，辛弃疾曾天真地以为，不久就可以随北伐大军返回故里，后来才渐渐意识到，这竟然是一个遥遥无期的梦。于是，他开始为自己在南宋寻找寓居之地。

有一天，他无意中看到南宋词人叶梦得的一首词：

> 云峰横起，障吴关三面，真成尤物。倒卷回潮目尽处，秋水黏天无壁。绿鬓人归，如今虽在，空有千茎雪。追寻如梦，漫余诗句犹杰。
>
> 闻道尊酒登临，孙郎终古恨，长歌时发。万里云屯瓜步晚，落日旌旗明灭。鼓吹风高，画船遥想，一笑吞穷发。当时曾照，更谁重问山月。

后来辛弃疾才知道，这首《念奴娇》里描述的地方就是京口（今江苏镇江）。

京口位于长江中下游，这里北临大江，南据峻岭，不仅风景旖旎，还是军事战略要地。古时，曾有多少英雄在这里成就伟业。孙策在这里打败敌人，他的弟弟孙权还曾把这里设为东吴的都城。宋武帝刘裕也曾在这里起兵，征讨桓玄，叛乱平定后又在这里驻守，留下了很多脍炙人口的传说。

辛弃疾也看出了京口地理位置的重要。他认为，虽然淮河一带还属于南宋的领地，但已经岌岌可危，从战略上来看，京口已然成为对抗金国的第二道防线。东晋桓温曾说："京口酒可饮，箕可用，兵可使。"①且这里以往就是朝廷北伐的必经之路。于是，他拒绝了朋友将全家迁往建康或临安的建议，执意要在京口卜地而居。

辛弃疾十七岁那年，由祖父辛赞做主，娶妻赵氏。赵氏是南安军知军赵修之的孙女，两家结成秦晋之好，也算是门当户对。婚后，两人相亲相爱，共育有二子一女。辛弃疾南归后，他的妻儿和母亲孙氏也随同来到江南。公务之余，辛弃疾赡养母亲，教养子女，也是一种慰藉。

寓居京口这一年的春日，辛弃疾抒发感怀，写下了南归后的第一首词作《汉宫春·立春日》：

春已归来，看美人头上，袅袅春幡。无端风雨，

---

① 〔南朝宋〕刘义庆等撰《世说新语》卷中《捷悟》，注引南朝宋山谦之撰《南徐州记》，《钦定四库全书》影印本。

未肯收尽余寒。年时燕子，料今宵梦到西园。浑未办黄柑荐酒，更传青韭堆盘？

却笑东风，从此便薰梅染柳，更没些闲。闲时又来镜里，转变朱颜。清愁不断，问何人会解连环？生怕见花开花落，朝来塞雁先还。

当地有风俗，每逢立春，妇女们多剪彩为燕形小幡，戴之头鬓。北宋文学家欧阳修曾在《春日词五首》中有"共喜钗头燕已来"之句。"无端风雨"在这里不仅指天气，也暗指南宋的政局游移不定，复杂多变。

辛弃疾看着爱妻头上的袅袅春幡，感慨虽然春天已到，但余寒未消，风雨飘忽不定。看到梁间的燕子，又想起了故园。转眼来南宋已经一年了，生活尚未安定，立春到了，连旨酒也备办不起，更谈不上看馔了。可笑东风一点也不解风情，只顾着薰梅染柳，让春天变得姹紫嫣红。再看看镜里的自己，又变老了一些。花开花落，年华飞逝，而自己却一事无成，这一切，怎么不叫人愁呢？

他还借用《战国策》里"解连环"的典故，道出了心中的疑问：大敌当前，在抗金的问题上，谁才能做出正确的决策呢？这首词也表达了辛弃疾对政局的担忧，以及对时间飞逝而壮志未酬的无奈和惆怅。

国不幸，家也难安。寓居京口不久，辛弃疾的妻子赵氏突然染疾身亡。爱妻的离世，对郁郁寡欢的辛弃疾来说，不能不说又是一个沉重的打击。好在同居京口的还有一些朋友，他们常常来看望辛弃疾，给他带来不少安慰。

有一天，在一个朋友的介绍下，辛弃疾认识了一位老者。这老者名叫范邦彦，字子美，邢州（今河北邢台）人，他的家也在京口。更让辛弃疾感慨的是，范邦彦一家也是"归正人"，他们不仅经历相似，就连归宋的时间也相差无几。

靖康末年，金兵攻占河北后，邢州也成了沦陷区。范邦彦因为家中有老母，且人口众多，无法脱身，只好滞留在北方。后来为了生计，他参加了金朝的科举考试，中了进士。授予官职时，他放弃了衣锦还乡的机会，而是选了一个位于宋金边界的偏僻小县，担任蔡州新息（今河南息县）县令。他心里想的是，息县就在淮水的北岸，有机会就可以回归南宋。

果然，绍兴三十一年，即金正隆六年（1161年），金主完颜亮大举南侵。范邦彦觉得这是一个回归南宋的好时机。于是，同年十月，范邦彦和儿子范如山打开城门，宣布归附宋朝。不久，范家家族随其全部南归。南宋朝廷知悉后，任命他为镇江通判。

相同的身份和相似的经历，让两家人惺惺相惜，从此来往密切，辛弃疾和范邦彦也成了莫逆之交。范邦彦看辛弃疾少年英武，气度不凡，便亲自做媒，将自己的女儿嫁给了他。

范家在邢州是大户，家族势力延及方圆十数里。范邦彦的妻子是赵宋宗室之女，出身高贵。范小姐是名门贵媛，不仅长相可人，还知书达理、善解人意，堪称辛弃疾的贤内助。坊间流传着许多关于他们夫妻的动人故事。

有一年，辛弃疾在湖南担任安抚使，有人揭发考试官作弊，录取之人名不副实。辛弃疾立即责令查实，并亲自调阅试卷。当他读到一份关于《礼记》的策论时，欣喜不已，认为作者一定是个豪杰之士，于是力排众议，将其录取。后来才知道，这人名叫赵方。赵方及第后，来拜访辛弃疾，两人一见如故，促膝而谈，三天三夜不觉疲倦。辛弃疾非常欣赏赵方的才华和抗金的主张，背地里对妻子感叹："近得一佳士，惜无可为赠。"他想接济一下赵方，但苦于找不到合适的东西。范夫人说："我有绢十端尚在。"[①]于是，辛弃疾便将那些绢作为路费送给了赵方，还送给他一些书籍。后来赵方成了南宋的名臣，谈及这些过往时，还感动不已。

由于抗金的抱负迟迟不得实现，辛弃疾爱上了酒，经常大醉而归。范夫人深知酒大伤身，多次劝辛弃疾戒掉，但他就是不听。一次，辛弃疾又外出饮酒，范夫人就想了个办法，在窗子上写了很多激励他戒酒的语句。辛弃疾归来大睡，一觉醒来后，看到窗子上的"戒令"，大为感动，不但决定戒酒，还写了一首词对妻子表达歉意：

---

① 《钱塘遗事》卷三《赵方威名》。

昨夜山公倒载归，儿童应笑醉如泥。试与扶头浑
未醒，休问，梦魂犹在葛家溪。

千古醉乡来往路，知处：温柔东畔白云西。起向
绿窗高处看，题遍，刘伶元自有贤妻。

——《定风波·大醉归自葛园，家人有痛饮之戒，
故书于壁》

从这件事不但可以看出范夫人的聪颖和贤惠，还能看出她
对丈夫的爱和包容，而从辛弃疾回赠的这首词里，也能看出他
对妻子的爱慕与感激。

据载，有一天，范夫人突然感到浑身不适，这可急坏了辛
弃疾，他连忙差人请来名医为妻子把脉诊断。辛弃疾有个侍妾
叫整整，容貌秀美，大夫为范夫人诊病时，为整整的美貌所倾
倒，惊为天人。辛弃疾当场允诺名医，只要妻子康复，他就将
自己的侍妾赠送给他。几天后，妻子疾病痊愈，辛弃疾乃践前
约，当真将整整赠给了那位名医。从此事可以看出，范夫人在
他心中的位置是不可替代的。

辛弃疾与妻子同岁，两人相守多年，历经坎坷。范夫人过
五十岁生日时，辛弃疾还写了一首词相贺：

寿酒同斟喜有余，朱颜却对白髭须，两人百岁恰

乘除。

> 婚嫁剩添儿女拜，平安频拆外家书，年年堂上寿
> 星图。

——《浣溪沙·寿内子》

辛弃疾为妻子斟满寿酒，在喜庆的氛围中，两人举杯同饮。"朱颜"指红润美好的脸颊。辛弃疾看着对面的妻子，虽然年届五十，却依然脸颊红润，青春依旧。再看自己，须发皆白，日渐苍老。辛弃疾用"朱颜却对白髭须"来赞美妻子容颜不老，青春依旧。

辛弃疾与范氏共育有七子一女，加上赵氏留下来的二子一女，共九子二女。孩子们长大后，相继婚嫁，家里喜事不断。亲友们也都来往密切，经常寄书信问候，互报平安。最后一句是词人对未来的美好展望，希望年年有今日，岁岁有今朝。

范夫人有个哥哥叫范如山，与辛弃疾秉性相投，相处也十分融洽。后来，辛弃疾将自己的女儿许配给了范如山的儿子范炎，两人成了亲家。

3. 隆兴北伐

宋孝宗赵眘是个有抱负的皇帝，他在即位的第二个月就开始着手整顿朝纲、革新人事。他先颁布手谕，召主战派老将张浚入朝，共商恢复河山的大计，又接受老师史浩的建议，下诏为名将岳飞平反，追复其官职，赦还被流放的岳飞家属。除此之外，赵眘还逐渐开始为被贬谪和罢免的主战派大臣平反复官。为了抗金大计，他开始重用主战派，暗暗为收复北方失地做准备。

张浚是主战派的代表。早年，他因为坚持抗金得罪了秦桧，一直受到排挤和冷落。赵眘把他召回后说："久闻公名，今朝廷所恃唯公。"①

可是孝宗的老师史浩却对此有着不一样的看法。他觉得张浚虽有中兴之心，却无中兴之才，可谓志大才疏。另外，他觉

---

① 〔元〕脱脱等撰《宋史》卷三百六十一列传第一百二十《张浚传》，中华书局，1977，第11297—11311页。

得南宋现在的实力还不够，不是发动北伐的好时机，认为孝宗刚上任，应该先着手发展壮大自己，为以后北伐做准备。

已经退位的高宗也来劝诫赵眘，他说："毋信张浚虚名，将来必误大计。"为此，他还举了几个例子，说："张浚用兵，不独朕知之，天下皆知之。如富平之败，淮西之师，其效可见矣。今复论兵，极为生事。"①高宗口中的"富平之败"就是富平之战。宋高宗之所以这么说，是有事实根据的。

富平之战发生在建炎四年（1130年）。那一年的九月，张浚统领五路大军，共十八万人，在今天的富平一带集结，欲和金军决一死战。为了打好这一仗，他甚至还提前征调了百姓五年赋税，用以支持军用。然而，在作战部署时，他却错误地把五路兵马和无数粮饷都集中在富平一个战场。不仅如此，张浚还固执己见，拒绝了部将兵不厌诈、出其不意的建议，声称要与敌军约期作战，结果惨遭金兵突袭包围，部队溃不成军。后来，张浚见势不妙，便带头逃命，所带钱粮辎重也大都遗弃，使部队损失惨重。

富平惨败后，所幸张浚及时重用吴玠，聚残兵扼守由陕西到四川的关道，在和尚原（今陕西宝鸡）大败金军，保住了四川。

绍兴七年（1137年），"中兴四将"之一的刘光世（另外三

---

① 〔元〕周密撰《齐东野语》卷二，《钦定四库全书》影印本。

位是张俊、韩世忠、岳飞）因用兵不力，被罢军职，但他手下的军队怎么处置就成了问题。高宗欲划给岳飞，但遭到了张浚的反对，原来他心中早有人选。不久，他便把自己的亲信吕祉派往该军，去当监军官。但这个吕祉其实是个纸上谈兵的书呆子，曾自诩如能亲统一军，必能擒获叛将刘豫。张浚对他的夸夸其谈信以为真，拿他当宝贝，大为重用。结果吕祉去了淮西后，不仅无法指挥军队，还瞧不起武将，最后不但自己丢了性命，还致使四万军士投降了伪齐。

这两次大战的失败，导致南宋丢失了整个关陕地区和江淮地区大部，损兵折将十余万人，给南宋国防实力造成难以弥补的重创。

张浚忠君爱国，敢于担当，这点是值得肯定的，但人的性格都有两面，好人和坏人并不像戏台上的脸谱那样非黑即白、一目了然，真实的历史比我们想象得还要复杂。最坚定的主战派张浚就是这么一个极为复杂的历史人物，他不仅在军事上志大才疏，还是个心胸狭隘、妒贤嫉能之人。

南宋初年，张浚弹劾抗金名将李纲，使李纲任职七十五日就被罢相。名将曲端，因布阵问题与张浚发生争执，张浚便诬陷其谋反，将其投入狱中折磨而死，年仅四十一岁。秦桧杀岳飞时，张浚附和，并给岳飞加上"并兵""要君"的罪名，后来岳飞被害，用的就是张浚妄加的罪名。当韩世忠等纷纷为岳飞辩解、讲情时，唯有张浚冷眼相观，不置一词。

　　按理说，这样在关键时刻成事不足、败事有余的人，实在不能再委以重任，但高宗时期，南宋主战派日益凋零，唯有张浚资历最深，所以，赵眘即位后，第一个想到的人就是他。此时的孝宗正是初生牛犊，锐气十足，他听不进任何人的忠告，一心想建功立业，有所作为，他希望用一次北伐的胜利来证明自己，弘扬国威。

　　辛弃疾也在时刻关注着临安的局势，但他回归南宋尚不到一年，并不清楚朝廷局势的复杂。他听说张浚被重用后，正在广揽人才，尤其对南渡的"归正人"很器重时，大喜过望，以为自己终于等来了抗金杀敌的机会。

　　由于辛弃疾在金国生活过，对金朝的军事布局和内部矛盾比较了解，他知道金世宗刚刚即位，政局不稳，还没有足够的兵力对南宋实行全线防御。南宋过去对金的主攻方向主要集中在关陕、中原和淮北地区，所以金人也把注意力都放到了这些地域上，这样一来，山东就成了防守最为薄弱的地区。辛弃疾认为，如果能组织一支精锐力量，在其他各路兵马对敌展开佯攻时，出其不意直捣山东，分布在其他地带的重兵防线就会土崩瓦解，再收复中原和燕京，就是轻而易举的事了。

　　辛弃疾把自己在军事上的这些想法稍加梳理，写成一整套收复中原的用兵方略。他决定去拜访张浚，献上这个凝聚着他心血的用兵方略，他相信张浚一定会很感兴趣。辛弃疾所展望的并不仅是恢复大宋的国土，而是要收复燕云十六州等战略要地，重现汉唐盛景。

但是，当辛弃疾见到张浚后，并没有看到他的求才若渴。张浚听他讲完作战方略后，只是略微抬了抬眼皮，含混不清地说："某只受一方之命，此事恐不能主之。"①大意是，我只受命负责一方的工作，这件事恐怕做不了主啊。这番话让辛弃疾心里凉了半截，他知道，统管全军的张浚不是做不了主，只是借故推托而已，看来，他并没有把自己的想法当回事，也不准备重用自己。辛弃疾战场杀敌的愿望化为了泡影，只得悻悻而归。

其实，张浚并不是对辛弃疾的想法毫不在意。他只是存有私心，想把辛弃疾的主张据为己有。因为在绍兴三十二年年底，张浚向宋孝宗提出的作战计划里，其中一条就是用两淮之兵虚张声势，等待机会，然后派水军从海路进军山东。但问题在于，他并没有真正理解辛弃疾作战方略里的精髓，而是错把辛弃疾提出的声东击西，理解为三面出击。但即使这样一个大打折扣的方案，也遭遇了一些大臣的质疑，他们认为这简直是无稽之谈，他们觉得张浚并不能保证奇兵一进入山东境内，金军就能望风而逃。遭到质疑后，张浚就把进攻山东的计划搁置一旁了。

---

① 〔南宋〕朱熹著，〔南宋〕黎靖德编《朱子语类》卷一百十《论兵》，《钦定四库全书》影印本。

隆兴元年（1163年）四月，宋孝宗为防止一些大臣的干预，径自绕过三省与枢密院，瞒着高宗和老师史浩，直接向张浚和诸将下达了北伐的诏令，史称"隆兴北伐"。

一场涉及兴衰存亡的战争就这样"偷偷摸摸"地开始了。

张浚调集八万人马，兵分两路，一路由李显忠率领，一路由邵宏渊指挥，从淮东向北进军。李显忠率领的队伍很快攻克灵璧，但邵宏渊率领的队伍却迟迟没有拿下虹县（今安徽泗县）。后来，在李显忠的协助下，虹县才得以被攻破。

攻破虹县后，邵宏渊并没有感激李显忠的协助，反以虹县战功不出于己为耻，对李显忠心怀怨恨。张浚听说后，不但没有及时与双方沟通，解决问题，还处处迁就邵宏渊，为之后的局面埋下了祸根。

进攻宿州时，李显忠率部击败了金军的先头部队万余人，城池攻破后，邵宏渊部才投入战斗。但不久后，金军开始疯狂反扑，十万主力压向宿州。李显忠率部奋力抗战，苦苦支撑。而邵宏渊近在咫尺，不仅按兵不动，还说风凉话："这大热的天，摇着扇子还嫌不凉快，何况在大日头下披甲苦战！"有的参战将领甚至还带兵临阵脱逃。

李显忠与敌激战一天，杀敌两千余人，终因寡不敌众，全线溃退。金军趁势掩杀，宋军大败，死伤不计其数。因宿州旧郡名符离，故史称这场溃败为"符离之溃"。

这场不足一个月的北伐，最终以符离之战的溃败收场，北伐也轰然中断。

"符离之溃"对孝宗来说是个沉重的打击，此后，他北伐的决心日渐消沉，开始在战与和之间摇摆不定。

隆兴二年（1164年），金世宗为了达到"以战促和"的目的，发兵南下，先后攻占楚州、濠州、滁州等地，并准备渡江南下。

在这种情况下，赵昚只得同意议和，双方在本年的十一月签订了协议。这就是历史上的"隆兴和议"。

和议的主要内容是：南宋对金不再称臣，改称侄；维持"绍兴和议"规定的疆界；宋每年给金的"岁贡"改称"岁币"，岁币为每年银二十万两、绢二十万匹，比"绍兴和议"时每年少五万；南宋放弃采石之战后收复的海、泗、唐、邓四州，再割商、秦二州于金国；金不再追回由金逃入宋的人员。

"隆兴和议"比起"绍兴和议"，南宋地位有所改善，但在割让领土上做出了巨大让步。

辛弃疾听到这个消息后，气得击剑拍案，但冷静下来后，也只能摇头叹息。作为一个小小的签判，他又能如何呢？在这种心情下，辛弃疾挥毫泼墨，写下了《满江红·暮春》一词：①

---

① 据邓广铭考证，此词系隆兴二年辛弃疾任江阴签判时所作（见邓广铭著《辛弃疾传·辛稼轩年谱》，生活·读书·新知三联书店，2017年），但也有学者认为此词作于宋光宗绍熙年间辛弃疾任职福建时，以备一说。

家住江南，又过了、清明寒食。花径里，一番风雨，一番狼藉。红粉暗随流水去，园林渐觉清阴密。算年年落尽刺桐花，寒无力。

庭院静，空相忆。无说处，闲愁极。怕流莺乳燕，得知消息。尺素如今何处也，彩云依旧无踪迹。谩教人羞去上层楼，平芜碧。

这首词看上去是在伤春迟暮，实际上表达的是作者对国家的忧思，以及对自己处境的叹息。

4. 美芹悲黍

隆兴北伐的失败，对南宋的影响是巨大的，不但国家多年的蓄积为之消耗殆尽，朝野上下主战派的信心也遭到了沉重打击。此后，张浚被赶出了决策中心，不久病逝，主和派的言论又占了上风。朝中被一种对金兵的畏惧情绪笼罩着，几乎没有人敢再谈论北伐的事情，就连一心主张恢复中原的孝宗也对此产生了动摇之心。

隆兴二年秋冬之际，辛弃疾江阴签判任满，被调到广德军（今安徽广德市）做通判。宋代地方行政区划是州（府、军、监）、县二级制，在两级行政区上又设置了路作为一级监察区和经济管理区，路没有统一的首长，而是设置若干长官，分别掌管行政、经济、司法、军事等某一方面的事务，合称"监司"，因而宋代的路具有准一级行政区划的职能，军大概相当于现在的地级市。通判的职位比签判大一级，是知军的副手，主要负责税收、粮仓、农田水利、诉讼等财政、司法事务，与知军共同推动各项政令的施行，协助筹办军需，并监督地方官任职行为等。

朝廷收复中原的气氛陷入沉寂，让辛弃疾感到失望。然而一段短暂的消沉后，辛弃疾很快振作起来。他总结了一下此前的教训，觉得大家之所以对出兵山东的方案有疑虑，一方面是张浚重视不够，没有真正理解自己的想法，另一方面是知音太少，响应者寥寥。

辛弃疾突然有了一个大胆的想法，他要越过大臣，直接上疏朝廷。

1165年，孝宗改年号为乾道。本年，经过审慎的思考，辛弃疾把自己沉淀已久的抗金大计，经过归纳和整理，写成了一组长达万字的军事论文，他为其取名为《美芹十论》。

"美芹"乃自谦之词。《列子·杨朱》中有一典故："昔人有美戎菽，甘枲茎芹萍子者，对乡豪称之。乡豪取而尝之，蜇于口，惨于腹，众哂而怨之，其人大惭。"意思是从前有一个人在豪绅面前吹嘘芹菜好吃，结果豪绅吃了以后，竟然嘴肿闹肚子。此后，后人便常以"献芹"称所献之物菲薄，或所提的建议浅陋。也说"芹献"。如唐代高适《自淇涉黄河途中作十三首·其九》："尚有献芹心，无因见明主。"杜甫《槐叶冷淘》里，把自己上献槐叶冷淘的想法称为献芹，以示微不足道。

辛弃疾以《美芹十论》作为篇名，也是在向朝廷表达他位卑未敢忘忧国的一片赤诚。

说到"美芹"，人们一般都会想到"黍离"。黍，即小米。据史书记载，周室东迁后，周朝志士回到故都，看到昔日宗庙夷为平地，踪迹全无，所到之处，黍苗丛生，便悲国家之"颠覆"，故《诗经》里有《黍离》篇。自从辛弃疾献了《美芹十论》后，人们就把"美芹"和"悲黍"共同作为忧国忧民、悲国家之颠覆的代名词了。

《美芹十论》总共有一篇总序和十篇文章。前三篇为《审势》《察情》《观衅》，主要分析了金国内部的军政形势，指出敌人虽然貌似强大，但外强中干，内部充满矛盾，并非不可战胜。后七篇为《自治》《守淮》《屯田》《致勇》《防微》《久任》《详战》，则详细论述了南宋政局、边防后勤、军队集训、人事任免等方面的问题和建议。

单独看《美芹十论》，虽然有些枯燥，但对于懂军事的人来说，这却是一部不可多得的有着极高研究价值的军事论著，也是一部能够了解辛弃疾生平及其军事思想的重要著作。譬如第六篇《屯田》，写这一篇时，辛弃疾的心情应该是苦涩的。

当时在南宋的江淮地区，杂居着许多"归正人"。这些人在北方受够了金人的剥削与压迫，来到江南后，往往还要遭受南宋官僚的白眼和嘲讽。因为有些高官不相信"归正人"，担心他们别有居心，不知什么时候又会"反叛"。在这种有色眼镜的逼迫下，有些"归正人"不得不选择再次返回北方。

因为辛弃疾自己就是"归正人"，所以他知道，这些"反复"并不是中原百姓的过错。他们返回南方，只是希望回归之后能够受到善待。所以辛弃疾呼吁朝廷，希望能够将这些"归正人"组织起来，编制成军户籍，进行屯田，这样既可以鼓舞军民士气，也可以为南宋增加兵源。

在《致勇》一篇，辛弃疾沉痛地总结了南宋军队存在的问题，他说"将骄卒惰"，士兵军纪涣散，看到敌人动辄逃跑，哪有不败之理？在指挥者方面，文臣大都不懂军事，武臣又因为没有受到监督而养兵自重。对此，辛弃疾建议，可以在文臣中挑选一些廉洁、稳重、变通、机敏之人，去前线军队中担任参谋。这样，国家一旦有战事，就能做到文臣和武将相互配合并监督，从而提高军队的战斗能力。

在《久任》篇里，辛弃疾根据当时的局势，指出战事不是一蹴而就的，胜败乃常事，因而皇帝对臣子要充分信任，让他们专于职守，不能频繁更迭岗位，这样官员们才会有责任心，有担当，能奋发，而不是得过且过，应付交差。

最后一篇，也是辛弃疾的心血之作，叫作《详战》。在这一篇里，他再一次阐述了两年前他向张浚提出的战略主张。只不过这一次，他的论证更加缜密，气势更加磅礴。他主张，如果发生战争，更应该提倡的是主动出击，在敌人的土地上作战，而不是在本国的土地上，因为只有主动出击，才能够击垮金军。他还结合当时的局势，把金国比作人的身体，山东为首，中原为身，关陕为尾。如果能够从沭阳出师，攻下山东，则河北也就望风而降。河北一投降，金国的首都也就岌岌可危了。

辛弃疾之所以这么写是有根据的。他从小在山东长大，曾两次赴燕京应试考察，对燕京乃至整个华北的情况都比较熟悉，因此，他才敢坚定地写出："兵出山东，则山东之民必叛虏以为我应，是不战而可定也。"

《美芹十论》十个篇章，一万多字，可谓字字珠玑。这些理论承袭《孙子兵法》，讲究屈人之兵，而不是具体的战术应用。更可贵的是，他没有照搬别的军事著作，更没有总结性地陈述一些军事规律，而是从当时的形势出发，专门针对宋金战争开出了一味妙药良方。

写完最后一篇，辛弃疾长舒了一口气，感到胸中的块垒被消解一空。

然而，他万万没有想到的是，当这部凝聚着他心血的"万字平戎策"交上去后，等来的结果却是"以讲和方定，议不行"[1]。辛弃疾志在恢复，却忽略了一个现实，虽然孝宗也想收

---

① 〔元〕脱脱等撰《宋史》卷四百一列传第一百六十《辛弃疾传》，中华书局，1977，第12161—12166页。

复失地，但北伐失败造成的困局，已经使南宋满目疮痍，再加上此时"隆兴和议"刚刚签署，这份抗金宣言怎么看都显得那么不合时宜。

5. 浮华建康

乾道四年（1168年），辛弃疾在广德军通判任满，朝廷又把他调到建康府任通判。虽然同样是通判，但由于地理位置不同，对于辛弃疾来说，有着不一样的意义。

建康即今南京，又名金陵，地处长江边，山川形势险要，易守难攻，进可图中原，退可保江浙，军事地位突出。诸葛亮出使江东时，看到金陵地势，曾感叹道："钟山龙盘，石头虎踞，帝王之宅。"①历史上，东吴，东晋，南朝宋、齐、梁、陈都相继在此建都，人称"六朝古都"。当初南迁时，宋朝的主战派也一致主张把都城建到建康，但由于这里距离前线太近，宋高宗没有采纳，而是把建康作为长江防线的重要门户，定为陪都。当初辛弃疾奉表南归时，高宗就是在这里接见了他，所

---

① 〔北宋〕李昉等编《太平御览》卷一百五十六《州郡部二》，注引西晋张勃编《吴录》，《钦定四库全书》影印本。

以他对建康有着异乎寻常的感情。

自奉表南归，辛弃疾来南宋已有七个年头。在这七年里，他胸怀大志，做梦都盼着能随北伐大军返回故里。为此，他向张浚自荐抗金方略，隆兴北伐失败后，又向孝宗进献《美芹十论》，盼的就是能够引起关注，好日后征战沙场，大展宏图，然而都没能如愿。

辛弃疾知道，要想得到朝廷重用，大人物的举荐十分重要。一次偶然的机会，他结识了一个叫赵彦端（号介庵）的人，此人是驻建康的江南东路计度转运副使，负责地方的漕运和财政管理，监督地方官员行政，与皇上是宗亲，名望和势力都不一般。为了得到他的举荐，在赵彦端的寿宴上，辛弃疾为他写了一首词：

> 千里渥洼种，名动帝王家。金銮当日奏草，落笔万龙蛇。带得无边春下，等待江山都老，教看冀方鸦。莫管钱流地，且拟醉黄花。
>
> 唤双成，歌弄玉，舞绿华。一觞为饮千岁，江海吸流霞。闻道清都帝所，要挽银河仙浪，西北洗胡沙。回首日边去，云里认飞车。
>
> ——《水调歌头·寿赵漕介庵》

渥洼是甘肃敦煌的一条河，传说是产神马的地方。"千里

渥洼种，名动帝王家"是辛弃疾对祝寿对象赵彦端的阿谀，奉
承他是帝王贵胄，是千里神马，既有显赫的出身，又有超卓的
能力。接下来，他又不吝赞美之词，说赵彦端文采飞扬，给皇
帝上奏章，落笔万言，如走龙蛇；说他能给人间带来春色，江
山都老了，他还青春常驻，鬓发乌黑。赵彦端作为计度转运副
使，专门管财政，辛弃疾用"钱流地"，比喻他理财得法，使
江南富庶。"黄花"指菊花酒，古又称长寿酒，经常在寿宴和节
日里饮用，据说能够祛灾祈福。"莫管钱流地，且拟醉黄花"，
意思是说，现在是寿宴，且不说钱的事，当下还是让我们痛饮
菊花酒吧。

双成、弄玉、绿华，都是古代传说中能歌善舞的仙女。在
这首词的下阕，他先写寿宴的气氛，歌舞痛饮为赵大人祝寿，
一片欢乐祥和。后几句笔锋突转，将镜头从眼前的歌舞升平一
下子拉到前线的"仙浪""胡沙"。"银河仙浪""洗胡沙"特指
征伐胡虏。杜甫有"安得壮士挽天河，净洗甲兵长不用"（《洗
兵马》）的诗句，李白有"但用东山谢安石，为君谈笑静胡
沙"（《永王东巡歌十一首·其二》）的诗句。这几句的大概意
思是，听说朝廷要派千军万马，出兵西北，清洗胡人，赵大人
是皇帝身边的红人，一定会跟随圣上飞腾于天际云间。

辛弃疾的词大多抑郁雄浑，绝少讨巧，但这一首则为另
类，它表达了辛弃疾在乾道初年的处境和心情，一个爱国志
士，想报效国家，却因为"归正人"的身份始终不能被信任和

重用，内心实在痛苦。见到赵彦端后，他似乎看到了希望，所以才如此低眉顺眼，讨人所好。

除了赵彦端，辛弃疾还结识了史致道、叶衡、严焕等一批志同道合的朋友。他们在一起除了探讨国家大事，还经常吟诗作赋，酬答唱和。在这一时期，辛弃疾流传下不少词作，在这些词作里，出现名字最多的人是史致道。

史致道，即史正志，致道是他的字。历史上的史致道颇为投机，但属于主战派。辛弃疾在建康任职期间，史致道任建康留守并兼江东安抚使，由于深得朝廷信任，不久又兼沿江水军制置使。史致道跟辛弃疾一样，胸怀壮志，想做一番轰轰烈烈的事业。他在建康府设立船场，增造战船、加固城墙、催筑坞垒，巩固长江防线，特别是在水军建设方面做出了很大贡献。

由于史致道熟谙军事，通晓韬略，与辛弃疾在战略思维上颇为契合，所以辛弃疾很敬重他，经常跟他在一起讨论恢复中原大计。有一次，史致道宴请同僚，辛弃疾在宴席上心有所感，即兴写下一首《满江红》：

鹏翼垂空，笑人世、苍然无物。又还向、九重深处，玉阶山立。袖里珍奇光五色，他年要补天西北。且归来、谈笑护长江，波澄碧。

佳丽地，文章伯。金缕唱，红牙拍。看尊前飞下，日边消息。料想宝香黄阁梦，依然画舫青溪笛。

待如今、端的约钟山，长相识。

——《满江红·建康史帅致道席上赋》

在这首词里，辛弃疾把史致道比作大鹏鸟，赞扬他志向远大，才华出众，胸怀抗金复国大计，长江防务政绩卓著。他借物喻人，希望史致道飞黄腾达后还能想起旧相识。

建康城内有一游览胜地赏心亭。这日辛弃疾与史致道共登赏心亭，只见美景尽收眼底。然而辛弃疾所见所感却是满目衰景和兴亡之叹，他写道：

我来吊古，上危楼、赢得闲愁千斛。虎踞龙蟠何处是，只有兴亡满目。柳外斜阳，水边归鸟，陇上吹乔木。片帆西去，一声谁喷霜竹。

却忆安石风流，东山岁晚，泪落哀筝曲。儿辈功名都付与，长日惟消棋局。宝镜难寻，碧云将暮，谁劝杯中绿？江头风怒，朝来波浪翻屋。

——《念奴娇·登建康赏心亭呈史留守致道》

辛弃疾登高望远，感慨万端。都说建康是虎踞龙盘之地，然他看到的却只有亡国的征兆。天色向晚，夕阳西沉，倦鸟归林，落木萧萧，一只小船孤独地驶向西边，连船上的笛声也显得分外凄凉。

下阕他用了谢安的典故。谢安，字安石，东晋名士，曾拒绝做官，长期隐居在会稽（今浙江绍兴）东山。四十一岁那年，由于谢氏家族在朝中之人尽数逝去，他才来到建康（当时称建业）出仕。在著名的淝水之战中，他担任总指挥，取得了胜利。谢安功高震主，受到皇帝的猜忌与疏远。一次宴会上，孝武帝命擅长音乐的桓伊弹奏古筝，桓伊便弹奏并演唱了一曲曹植的《怨歌行》，为谢安鸣不平。谢安听后哽咽不止，眼泪将衣襟都沾湿了。后来，世人便用"泪落哀筝曲"来形容人受到猜忌，不被重用。

辛弃疾把自己比作谢安，来抒发自己满腹才学，却被疏远闲置的无奈和愤懑。谢安虽然遭遇不公，但他毕竟亲自指挥过作战，为东晋立过大功，可是自己呢？只空有一腔抱负，既无人理解，又无法实现。

辛弃疾有苦无处诉，只有写进词里，吊古咏今，泪落抒怀，字里行间充满凄凉，深深流露出南宋将领们报国无期，壮志未酬的悲哀和无奈。

乾道五年（1169年）冬月，辛弃疾又作《千秋岁·为金陵史致道留守寿》一词，为史致道祝寿：

塞垣秋草，又报平安好。尊俎上，英雄表。金汤生气象，珠玉霏谈笑。春近也，梅花得似人难老。

莫惜金尊倒。凤诏看看到。留不住，江东小。从容帷幄去，整顿乾坤了。千百岁，从今尽是中书考。

这一首与《满江红·建康史帅致道席上赋》所表达的意思
几近相同。辛弃疾称赞史致道守边有功，是治国之才，说他很
快就会应诏入朝，塞垣是留不住他的，因为在这小小的江东之
地，难以施展才华；说史致道应该回到朝中去，运筹帷幄，整
顿乾坤，这样就会和唐代中书令郭子仪一样，从今至老，永为
贤相，千古流芳。

果然被辛弃疾言中，此词作后不久，史致道就被调到朝中
任职，不过不是丞相，而是户部侍郎。好友一走，只剩辛弃疾
仍在闲职上，壮志难酬。

第二章

郁孤台下清江水

辛弃疾长期未受重用，但并未丧失斗志。乾道六年（1170年），辛弃疾获得召见，再上《九议》。后先后被任命为滁州知州、江西提点刑狱使、知江陵府兼湖北安抚使等。辛弃疾在滁州兴民，智退江西"茶寇"，铁腕平乱，展示了他非凡的政治才华。

1. 再上九议

　　建康的歌舞升平，并没有麻木辛弃疾的斗志，他白天忙于工作和应酬，到了夜晚，思绪总是一次次飞回中原故土。他忘不了那些被压迫的穷苦百姓，忘不了他们渴望回归南宋的迫切眼神，他希望宋孝宗有一天能够回心转意，再次高举义旗，重振光复大业。

　　南宋乾道六年（1170年），辛弃疾收到朝廷诏书，要他立刻回到临安，接受孝宗召对。原来史致道回朝后，向朝廷举荐辛弃疾，宋孝宗还记得这位从中原归正、曾向他进献《美芹十论》的青年才俊，决定亲眼见见他，了解一下他的才干。

　　能被皇帝亲自召见，是极大的荣耀，也显示了当今圣上对这个人的重视。辛弃疾自然明白这些，他很珍惜这次面见孝宗的机会。为了准备好这次应对，辛弃疾还认真地拟了草稿，他把自己想说的话，在脑海中翻来覆去过了好几遍。他意识到，这次召对很可能是他自己，以及整个北方，甚至整个大宋国运的转机，所以，他准备得很充分，也很认真。

"隆兴和议"后，宋金两国息兵罢战，迎来了一段难得的和平期。为了修复战后的经济，锐意恢复的孝宗转移了方向，把光复中原的志向转到了社稷民生上。

辛弃疾也很清楚目前的局势，他知道，在当今貌似"天下无事"的南宋，要想取悦孝宗，应该与他谈怎样治理国家，以及如何发展经济和扶助农桑。但是辛弃疾不想违背自己内心的意愿，因为收复中原是祖父辛赞的遗志，也是他的梦想，更是他当初南渡的初衷。所以他决定，如实向孝宗讲述自己收复中原的主张和规划，他希望朝廷听了这些规划后，能够有所启发，然后振作精神，重整旗鼓，以谋图北伐恢复国土之大业。

这一天终于到了。辛弃疾深吸一口气，他来到临安城的皇宫，穿过威严不动的禁军护卫，登上天子堂前的汉白玉石阶，来到延和殿内。大殿之上，孝宗皇帝高高端坐于龙椅上，群臣各执玉笏，分站两旁，一派庄重肃穆。辛弃疾虽心情激动，但不卑不亢，礼毕平身后，开始侃侃而谈。他先从南北形势说起，论述收复中原的必要性和可行性。接着，他又回溯历史，讲述三国东吴、东晋、宋、齐、梁、陈六朝盘踞江左、内政外交的成败得失，提出巩固国防、强化军事、拔擢人才、训练士兵、屯田两淮等一系列政治主张。这些内容，曾在《美芹十论》中多有表述，但一直未见回应，如今当着文武大臣和孝宗的面又一次和盘托出，辛弃疾酣畅淋漓，大感快意。

半个时辰后，辛弃疾把想说的话都说完了，他想看看孝宗有何反应，却无奈地发现，自己站在台阶下，根本无法看清皇上的面容和表情。其实，辛弃疾奏事时，孝宗赵昚一直在台上耐心倾听，他一边听一边观察。从辛弃疾的应对中，他已经意识到，台下的年轻人是位难得的军事人才，可眼下正是和平时期，这样的人才该如何安排呢？或许赵昚想让辛弃疾在内政方面历练一下，这次召对结束后不久，辛弃疾被从建康调到临安，担任司农寺主簿。

司农寺是掌管粮食积储和发放京官禄米的机构，司农寺主簿就是这个机构中管理文书的事务官。从通判到司农寺主簿，虽然官阶都是七品，但毕竟进了临安，离皇帝的距离更近了，也算是一次提升。

辛弃疾之所以被"提拔而不重用"，应该与他被孝宗召见时的那番"持论劲直，不为迎合"①的言论有关。隆兴北伐的失败打退了孝宗皇帝收复中原的雄心，他将统治重心转向了内治。

但辛弃疾并不清楚孝宗的真实想法，他的志向是投身于抗金恢复大业，如今却被安排到临安做起了文秘工作，自然会有一种壮志难酬的郁闷。大约在这一时期，他创作了一首非常著名的词，即《青玉案·元夕》：

---

① 《宋史·辛弃疾传》。

　　东风夜放花千树，更吹落、星如雨。宝马雕车香
满路。凤箫声动，玉壶光转，一夜鱼龙舞。

　　蛾儿雪柳黄金缕，笑语盈盈暗香去。众里寻他
千百度。蓦然回首，那人却在，灯火阑珊处。

　　这首词的上阕描写的是元宵节时临安城的热闹景象，下阕
写的是元宵之夜中的人物活动。从字面上来看，这首词像是写
情人的一次约会，但在中国古代文学作品中，男女之间的情爱
常常用来比喻政治上的遭遇。此时的辛弃疾南归已十年，一片
赤胆忠心，却始终不能被朝廷接受和信任，郁郁寡欢的他，面
对临安的歌舞升平和狂欢享乐，自然会感到格格不入。所以很
多学者认为，词中那个置身于繁华之外、灯火阑珊处的人，那
个清高而寂寞的形象，正是辛弃疾的自我写照，抒发了他没有
知音，只能孤芳自赏的惆怅和感慨。

　　且不论辛弃疾本意如何，这首词中所写的苦苦寻觅却一无
所得，绝望之时却又于无意间得来的经历和感受，人生中并不
乏见，辛弃疾却能用如此优美的语言，把这一经历和感受精准
地表达出来，实在难得。

　　绝望的辛弃疾苦苦寻觅着，他将眼光锁定在了一个人身
上——宰相虞允文。

　　虞允文本是一介文人，完颜亮南下攻宋给了他崛起的机
会。说起他的功绩，不能不提采石之战。

　　高宗绍兴三十一年，完颜亮挥师南下，率领大军逼近采石。宋军在建康府采石矶驻扎抵挡。当时建康都统制王权因罪被罢官，而接替王权的将领李显忠又尚未到任。军无主帅，人心惶惶，时任中书舍人的虞允文代表朝廷到采石矶慰劳军队，他见宋军萎靡不振，形势危急，于是亲自督师，号召将士与敌军决一死战。当时，金军有士兵四十万，骑兵也超过宋军的一倍。在虞允文的指挥下，最终，宋军以一万八千人的兵力将数倍于己的金兵击溃，赢得了南渡后最关键的一场战役，从而转危为安。虞允文也因采石大捷而一战成名。

　　虞允文是主战派，宋孝宗即位后，随着隆兴北伐的溃败，朝中主和的声浪复起，虞允文受到主和派大臣的排挤，被贬出朝廷。隆兴二年十一月，孝宗又意识到自己误听了主和派的蛊惑，认为虞允文才是可以托付的大臣，于是召其入朝，任命为同知枢密院事兼参知政事（副宰相）。乾道三年五月，署理四川的吴璘去世，孝宗派虞允文代替他，颁诏前，孝宗特地告诫虞允文："凡事不宜效张浚迂阔，军前事，卿一一亲临之。"[1] 太上皇赵构御书《圣主得贤臣颂》赐给虞允文，孝宗亲自题跋。陛辞时，孝宗还把自己穿过的一双鞋子和一套甲胄送给虞允文。这一切均表明朝廷对虞允文寄予厚望。

---

[1] 〔元〕脱脱等撰《宋史》卷三百八十三列传第一百四十二《虞允文传》，中华书局，1977，第11791—11800页。

到了乾道五年八月，虞允文升任宰相。为相的虞允文大力提拔贤良之士，他将自己欣赏的人才记下来，辑成《翘材馆录》，随身携带，辛弃疾就是《翘材馆录》中的一个。

辛弃疾怀着对虞允文的厚望，又写了九篇论述抗战的文章，简称《九议》，献给虞允文。

《九议》和《美芹十论》在内容上有相通之处，不同的是，论点更加集中，分析也更为透彻。

辛弃疾认为，恢复之事，是为了祖宗社稷和天下苍生，应该是贤明的君主和天下智勇之士共同主谋的大业。所以他给虞允文提出的第一个建议，是希望他抽出一些时间，寻访大江南北的英雄豪杰，挑选懂得用兵的高人，组成智囊团，共同商讨用兵计划，并且要确保计划严格保密。

辛弃疾还说，与金作战不能图快，应遵循"无欲速""审先后""能任败"的三项总要求。所谓"无欲速"，就是不要急于求成，抗金收复中原并非一朝一夕之事，要做长远打算。所谓"审先后"，就是要审时度势。抗金涉及的作战方法多种多样，不一而足，关键在于分析形势，掌握不同方法的先后顺序，如同下棋一样善用策略。"能任败"，就是战争中的胜败乃兵家常事，要能承受失败，做到胜不骄，败不馁。

兵法上说"知彼知己，百战不殆"。辛弃疾接着分析了南宋与金的形势，指出从表面看金国比南宋强大，实际上南宋相对于金国有四大优势。一是，中原百姓的诚心向宋，关键时刻他们会起而响应。二是，金国边境广阔，集结士兵困难，而南宋调遣士兵迅速。三是，南宋出兵费用是由官府负担的，因而无须向百姓索取，这样就防止了百姓因负担过重而反叛，而金国则动辄需要向百姓征敛，容易引发大乱。四是，南宋有长江天险作为屏障，金军越淮而来，后方供应不及，只能在粮食耗尽后离去，而宋军则可以渡过淮河攻打金军，且后方有稳固的粮草供应。

在敌我双方优劣的基础上，辛弃疾继而提出了"骄兵"和"劳兵"的策略，以实现出其不意攻击敌人的目的。具体来说，就是用财货、谦卑的语言迷惑敌人，使金人放松防备，这时宋军迅速调兵遣将，发起进攻。宋军还可以故意激怒敌人，让金人调兵遣将，宋军则深挖沟渠，高筑堡垒，做持久战，以等待金人自我消耗，因费用增多而横征暴敛，盗贼四起，然后，宋军再趁机出击，就能取得意想不到的胜利。

接着，辛弃疾还提出了用反间计离间金人的策略，使金国统治者相互攻击，金兵叛变，实力削弱。

关于战胜金人的战斗路线，辛弃疾重复了《美芹十论》里提出的作战策略，从沭阳出兵，先攻下山东，这时河北便望风而降。河北投降，金国大本营也就危险了。要实现这个作战目标，辛弃疾认为应该先采取声东击西的策略，宋军四处分兵扬言进攻金军，使金人四处出兵，疲于奔命，兵力分散，然后宋军趁机北上，一举夺下山东，进而收复河北。这样，金人自会自顾不暇，匆忙为保护自己的老巢而返回。

　　为保障抗金事业的顺利进行，辛弃疾还提出了富国强兵的建议。他说，所谓强兵，除了训练士卒，还应集中精力整修兵器、储备军事物资、改变军队管理制度，而这一切都应秘密进行，不能让金人有所察觉。所谓富国，就是要节约不必要的开支，减轻民众的负担，给予他们应有的优惠政策，这样才能通过"内厚其民"而做到"外倾其敌"。

　　然而，这部倾注着辛弃疾心血的《九议》上交后，由于种种原因，虞允文并没有给他一个明确的答复。

　　乾道八年（1172年）春，辛弃疾在司农寺主簿上任职期满，获得了一个新的任命，到地处淮中的滁州担任知州。

2. 滁州兴民

滁州，地处淮南中部，东侧是淮东重镇楚州、扬州，西侧是淮西重镇庐州。滁州身处两淮之间，为南北必争的军事要地，自古有"金陵锁钥，江淮保障"之称。北宋统一后近百年间，江淮地区没有干戈，人民生活祥和安宁。北宋名臣王禹偁、包拯、欧阳修都曾在滁州为官。欧阳修任滁州知州期间，还写下了散文名篇《醉翁亭记》，使滁州山水扬名天下。

"靖康之难"后，江淮一带成为宋、金对垒的前沿，濒临淮水前线的滁州曾多次被金兵攻陷，百姓外逃，城垣残破，生产生活受到了严重破坏。孝宗乾道年间，这里又连续多年遭逢灾荒，致使庄稼颗粒无收，人民生活无以为继，雪上加霜。

辛弃疾深谙兵法，明白滁州位置的重要性。几年前，他上疏《美芹十论》，其中专论守淮之必要，提出"守江必守淮"。两年前，延和殿召对时，他又曾向孝宗上疏《论阻江为险须藉两淮疏》，重点讨论了滁州战略地位的重要性，其中提到："今以两淮地形言之，则淮东为首，而淮西为尾，淮之中则其身也。断其身，则首尾不能救，明矣。……敌骑之来也，常先以精骑由濠、梁破滁州，然后淮东之兵方敢入寇。其去也，唯滁之兵为最后。"或许就是这个缘故，朝廷才动了派辛弃疾去知守滁州的念头。

辛弃疾当然知道这一任命背后的含义，他毅然受命，慷慨赴任。他认为，越是这种艰难重要的地方，越能展现出自己的能力。他想用事实证明，自己不仅可以写作军事论文，还可以用实际行动治理地方事务。他把知滁州当作自己能够独当一面、实施政治抱负的一个难得机会。

尽管辛弃疾已有充足的心理准备，但当他来到滁州时，面对"庐宿不修，行者露盖，市无鸡豚，晨夕之须无得"的荒凉和破败，还是吃惊不已，发出"守土者过也"的慨叹。①如何才能迅速改变滁州当前的面貌，使老百姓安居乐业，是辛弃疾急需解决的最大问题。辛弃疾日思夜想，经过多方考察后，针对滁州实际，他决定先实施一些措施，减轻人民的生活负担。

南宋政府的赋税很重，不论水旱兵蝗，照常收纳，逼得老百姓无法生活，只好四散流亡。由于贫困，滁州历年积欠租赋共五百八十万贯。了解这一情况后，辛弃疾主动向朝廷上疏《谢免上供钱启》，请求给予全数豁免。那些流亡他乡的百姓

---

① 〔南宋〕崔敦礼撰《宫教集》卷六《代严子文滁州莫枕楼记》，《钦定四库全书》影印本。

听说后，喜极而泣，再无后顾之忧，纷纷回归故里。

滁州残缺破败，当地人没有像样的房子，每逢大风天气，人们都躲在苇棚茅舍中惴惴然不能自安。为了解决这个问题，辛弃疾想了一个办法。他组织工匠到山上砍伐树木、烧制砖瓦，让他们建造牢固的房舍。此外，他还借资给那些没有生产条件的农民，以及无家可归的流民，鼓励他们屯田，在滁州安家落户。这些农民忙时耕种，闲时则编队成民兵，进行战斗训练。

为了改变本地商贩少，物价昂贵的现象，辛弃疾还制定了"凡商旅之过其郡，有输于官，令减旧之十七"[①]的招商引资政策，凡来滁州经营的商贩，免去原来赋税的十分之七。商贩们听说后，都闻风而来。

这一年风调雨顺，庄稼也获得了丰收。夏麦成熟的时候，街市上已经很热闹了。辛弃疾利用征得的赋税，又去西南山砍伐树木，烧制砖瓦，让人在乱草纵横的街道两旁建造邸店和客舍，以供四方来客居住。客邸建成后，滁州街市面貌焕然一新，辛弃疾给这一新建的市场取名为"繁雄馆"。外地商旅听说后，纷纷从各地向滁州进发。

种种举措的实行，很快使荒凉破败的滁州恢复了生机，百

---

① 〔南宋〕周孚撰《蠹斋先生铅刀编》卷二十三《滁州奠枕楼记》，《钦定四库全书》影印本。

姓安居乐业，商贾云集，往来行旅络绎不绝，往日荒凉、萧条的景象被一扫而空。

人民生活好转之后，辛弃疾在繁雄馆的上坡又修建了一座景观楼，取名为"奠枕楼"。"奠枕"即安居以卧的意思，形容局势安定，社会繁荣。当有人问辛弃疾为什么叫这个名字时，他解释说："吾之名是楼，非以侈游观也，以志夫滁人至是始有息肩之喜，而吾亦得以偷须臾之安也。"①大意是说，我建造这座楼的初衷，不是让大家来参观游览的，目的是庆祝滁州人过上了轻刑薄赋、休养生息的生活。我跟大家一样，也能在这里获得片刻的安宁了。

楼落成之日，辛弃疾举行了隆重的庆祝典礼。他邀请父老乡亲一起登楼痛饮，说道："今疆事清理，年谷顺成，连薨比屋之民各复其业。吾与父老登楼以娱乐，东望瓦梁、清流关，山川增气，郁乎葱葱，前瞻丰山，玩林壑之美，想醉翁之遗风，岂不休哉？"②大意是，现在清理了战争遗留的残破局面，粮食获得大丰收，人民安居乐业，我与父老乡亲登楼同乐，极目山川，郁郁葱葱，林壑优美，想起醉翁之遗风，岂不美哉！

公务之余，辛弃疾经常来奠枕楼登高望远，游弋赏玩，看到滁州展现的新气象，他由衷地欣慰，这也是他一生中少有的

① 《盡斋先生铅刀编》卷二十三《滁州奠枕楼记》。
② 《官教集》卷六《代严子文滁州奠枕楼记》。

快乐时光。有一次，辛弃疾的好友李清宇来滁州游玩，辛弃疾陪他登奠枕楼，两人互相唱和，诞生了《声声慢》：

征埃成阵，行客相逢，都道幻出层楼。指点檐牙高处，浪涌云浮。今年太平万里，罢长淮，千骑临秋。凭栏望，有东南佳气，西北神州。

千古怀嵩人去，还笑我，身在楚尾吴头。看取弓刀陌上，车马如流。从今赏心乐事，剩安排，酒令诗筹。华胥梦，愿年年，人似旧游。

——《声声慢·滁州旅次登奠枕楼作，和李清宇韵》

从这首词中可以看出，虽然治理滁州很成功，但辛弃疾并没有在取得的政绩中陶醉。南渡后的他，始终认为自己是漂泊江南的游子，从来没有忘记过还在沦陷区的家乡，并时刻准备着为收复北方领土出力。

辛弃疾来到滁州后，一边大搞治理，一边暗中观察着金国的动静。因滁州毗邻前线，滁州实施屯田政策后，吸引来大批的中原人，通过与他们攀谈，辛弃疾了解到金国内部矛盾激烈，纷争不断，金国上层享受安逸，日益腐败。通过这些情报，辛弃疾推断，金国的统治不可能长久。但同时他又了解到，在金国的北方，有一个正在崛起的民族——蒙古族。这个民族生命力顽强，能征善战，发展迅速。这引起了辛弃疾的警惕和忧虑。他给宋孝宗上疏直言："仇虏六十年必亡，虏亡则中国之忧方大。"①意思是金国六十年后肯定会灭亡，但金国灭亡后，宋朝面对的威胁则会更大。神奇的是，辛弃疾的这则惊世预言在许多年后竟然应验了！

六十二年后，也即1234年，金国真的灭亡了。金国灭亡后，蒙古又开始觊觎南宋的疆土。祥兴二年（1279年），南宋也被蒙古灭亡了。

辛弃疾的这个推断，充分体现了他在政治、军事上的远见卓识。南宋末年，谢枋得担任江东转运司贡举考试官时，把这个预言写进了他所拟的策问试题中，并且感慨地说："惜乎斯人之不用于乱世也。"②他为辛弃疾生于乱世，虽有旷世之才却未曾被重用而感到深深的惋惜。

---

① 〔元〕周密《浩然斋意抄·高尚之士》，收入〔明〕陶宗仪编《说郛》卷二十，上海涵芬楼藏版。
② 同上。

3. 忧思重重

自从察觉到蒙古的存在和威胁后，辛弃疾心中又多了一股愁绪。他没有知音可以倾吐，愁肠百结，难以释怀，才三十多岁就感觉自己已经老了，心中充满着对功业未成的忧愁，有一首词充分体现了他当时的心情：

老来情味减，对别酒，怯流年。况屈指中秋，十分好月，不照人圆。无情水都不管，共西风、只管送归船。秋晚莼鲈江上，夜深儿女灯前。

征衫，便好去朝天，玉殿正思贤。想夜半承明，留教视草，却遣筹边。长安故人问我，道愁肠殢酒只依然。目断秋霄落雁，醉来时响空弦。

——《木兰花慢·滁州送范倅》

倅，副职。范昂在任上时为滁州通判，是辛弃疾的副手，协助他处理一些工作上的事务。这首词是范昂任职期满，辛弃疾在为他饯行时写下的。

　　这首词上阕的意思是：我老了，已经没有了年少时的激情，面对送别的酒宴，经常担忧年华无情地流逝。中秋节马上到了，月亮将圆时偏偏我们要别离，无情的流水也全不管离人的眷恋，与西风推波助澜，只管将归舟送走。想必你在归去的途中就能尝到家乡的莼羹鲈鱼，很快就能与家人共享天伦之乐了。

　　在下阕，辛弃疾鼓励范昂，朝廷现在正需要贤能之人，你此去临安拜见皇帝，一定会得到重用。"想夜半承明，留教视草，却遣筹边"，说范昂夜里在承明庐修改诏书，又奉命去筹划边事，公务繁忙，表达了辛弃疾对朋友的勉励和期待。"长安"，这里代指南宋都城临安。辛弃疾告诉范昂，你回到行在以后，如果有老友相问，你就说我还跟原来一样，满腹忧愁，沉迷在酒中。

　　结尾两句"目断秋霄落雁，醉来时响空弦"，引用的是"惊弓之鸟"的典故。据《战国策·楚策》记载，有一天，射箭能手更羸与魏王在一起休息，忽然一只大雁飞来。更羸不慌不忙地拉了一下弓弦，那只大雁就掉下来了。魏王很奇怪。更羸说，这是一只受过伤又掉队的雁，听到弓弦响便内心惊恐，拼命向上飞，一使劲，旧伤迸裂，所以掉落下来。辛弃疾用这个典故比喻自己受过打击，遇事有些胆怯。在官场，辛弃疾"不为迎合"的个性，难免会得罪一些人。在滁州，他一方面为自己的政绩而快乐，一方面又"愁肠殢酒"，为自己恢复中原的意见得不到重视而郁闷忧愁。

乾道九年（1173年），辛弃疾病倒了，这场病来势汹汹，以至于他不得不提前卸任离开滁州，于这年的冬天回到京口的家中休养。

在京口休养期间，辛弃疾获悉他的老朋友成都知府叶衡新升任建康留守兼江东安抚使，便给他去了一封信祝贺，信中透露了他"适以筋骸之疾，退安闾里之居"①的近况。

叶衡出生于北宋宣和四年（1122年），比辛弃疾大十几岁，是位非常有才华的政治家。乾道四年，辛弃疾还在建康做通判的时候，他们就有来往，那时叶衡还在负责总领淮西军马钱粮。两人虽然官阶不同，但由于趣味相投，关系很不错。辛弃疾非常尊敬叶衡，把他当老师一样看待，叶衡也非常赏识辛弃疾的才干，曾多次在辛弃疾遇到困难时出手相助。

不久，辛弃疾在京口养病痊愈了，叶衡得知后，便将辛弃疾调到建康，让他担任江东安抚使参议官，辅佐自己工作。

淳熙元年（1174年）二月，辛弃疾刚到建康赴任，还没来得及跟叶衡好好叙叙旧，他的这位好朋友就被朝廷调到了临安，担任户部尚书，几个月后又升迁为宰相。

看到叶衡的仕途如此顺达，辛弃疾除了由衷地为好友高

---

① 《蠹斋先生铅刀编》卷十九《代贺叶留守启》。

兴外，也有些隐隐的失落。在一首给叶衡的词中，他曾这样写道：

青山欲共高人语，联翩万马来无数。烟雨却低回，望来终不来。

人言头上发，总向愁中白。拍手笑沙鸥，一身都是愁。

——《菩萨蛮·金陵赏心亭为叶丞相赋》

"高人"意为高风亮节的人，自然是指叶衡。"青山"喻天下有为之士，也包括辛弃疾自己。辛弃疾想表达的意思是，青山欲与高人交谈，就像万马奔腾而来。只可惜烟雨相隔，使志士与高人可望而不可即。在下阕，辛弃疾用诙谐幽默的笔调来抒发心中的郁结：人们都说头上的发是因为愁才白的，那么一身雪白的沙鸥，岂不是一身都是愁了吗？

辛弃疾给叶衡写过很多诗，流传下来的有四首，从中可见他们之间的友谊之深厚。辛弃疾把叶衡视为能懂他的人，离开他，辛弃疾心中的怅惘可想而知。

这天，他又一次来到赏心亭。六年前，就是在这里，他写下了《念奴娇·登建康赏心亭呈史留守致道》。六年后，旧地重游，当他再一次登上赏心亭时，又有了许多新的感慨，《水龙吟·登建康赏心亭》一词就是这时诞生的名篇。

　　楚天千里清秋，水随天去秋无际。遥岑远目，献愁供恨，玉簪螺髻。落日楼头，断鸿声里，江南游子。把吴钩看了，栏干拍遍，无人会，登临意。

　　休说鲈鱼堪脍，尽西风，季鹰归未？求田问舍，怕应羞见，刘郎才气。可惜流年，忧愁风雨，树犹如此！倩何人唤取，红巾翠袖，揾英雄泪？

　　春秋战国时期，长江中下游大部分地区，包括金陵都属于楚国的领土，因此称"楚天"。辛弃疾站在赏心亭上，看到天空碧蓝澄净，江水浩荡东流，感叹水天相接，秋色无边。纵目远望，群山秀美，似美人头上的碧色玉簪和螺形发髻。在辛弃疾的眼里，这些江山胜景，只会让他更加思念家乡，牵挂沦陷的中原，也激发了他对朝廷偏安江南、不思复国的悲愁和遗恨。

　　辛弃疾南渡已十多年，在别人眼里，他早已是江南人。但在他自己心里，始终认为自己是游子，待有朝一日收复旧山河，还会回到中原故乡。

　　吴钩，春秋时期吴国制造的一种兵器，似剑而曲，这里借指腰中所佩刀剑。感慨万千的辛弃疾，多么希望能手持这锐利的吴钩驰骋疆场，杀敌报国，然而英雄却无用武之地。他满腔的悲愤无处宣泄，只能在夕阳下，在离群孤雁的声声哀鸣里，摘下腰间的佩刀，一遍一遍地抚摸凝视，又一遍一遍地拍打栏杆。此番登临之意和焦灼的心情，又有谁能够领会呢？

下阕用了两个典故。"鲈鱼堪脍（鲙）"借用西晋文学家张翰的典故。张翰字季鹰，在洛阳做官。秋风起时，他想起吴中老家的鲈鱼脍和莼菜羹，言"人生贵得适意尔，何能羁宦数千里以要名爵"①，意思是人生最可贵的是开心，怎么能让名利羁绊自己，使自己置身于家乡千里之外呢？于是毅然辞官回到家乡。辛弃疾借用此典说明他已有归隐之意，只是由于国耻未雪，不能像张翰一样任性。

"求田问舍"，说的是东汉末年时，许汜去拜访名士陈登，陈登傲慢无礼，让他睡下铺。后来许汜向刘备说起这事，刘备说："而今天下大乱，帝王失所，你本当忧国忘家，却只知买房置地，为己牟利。要是换了我，别说上下床了，我就自睡百尺高楼，让你睡地下。"②辛弃疾用此典，是说如果自己像许汜那样不顾国事，只知为自己打算，那就羞见像刘备那样胸怀雄才大略的英雄了。

东晋有个大将军桓温。桓温在北征途中，看到早年亲手栽种的柳树已经十围，不禁流泪慨叹："木犹如此，人何以

---

① 《世说新语》卷中《识鉴》。
② 〔西晋〕陈寿撰，〔南朝宋〕裴松之注《三国志》卷七《魏书七·陈登传》，《武英殿二十四史》影印本。

堪！"①辛弃疾此刻的无限感伤，也正与桓温相同。光阴无情，年复一年，时间就在风雨忧愁、国势飘摇中流逝，而自己的济民救国之志尚难遂愿，好不痛惜。他多么希望有人来帮助他解除心头的郁结，然而，又有谁能给他慰藉呢？

"倩何人唤取，红巾翠袖，揾英雄泪？""倩"，请求。"红巾翠袖"指女子，古代官员或文人游宴娱乐，都有歌伎在旁边侑酒。辛弃疾在这里感叹自己知己难寻，得不到宽慰和理解，与上片"把吴钩看了，栏干拍遍，无人会，登临意"紧相呼应，在感情上，更深一层地抒发了其功业未就、有志难酬的苦闷与悲恨。

叶衡虽然调离了建康，但并没有忘记辛弃疾。回到朝中不久，他便向孝宗推荐，说辛弃疾慷慨有大略。孝宗对辛弃疾在延和殿召对时的突出表现，也有深刻印象，对他在滁州的政绩也比较满意，于是决定再次召见辛弃疾。这次召见不久，辛弃疾就被朝廷从建康调到了临安，担任仓部郎中。仓部是户部下属单位，主要负责国家粮食的储备、管理和供应工作。郎中是这个机构的负责人，尽管官阶仍不是很高，但能够来到皇帝身边工作，也是很多人求之不得的。

---

① 《世说新语》卷上《言语》。

4. 智退茶寇

辛弃疾在仓部郎中的位子上还没干多久，就又有了新的任命。这一次，他终于圆了自己的心愿，有了一次可以显露军事才能的机会。

说到这次机会，这要先从南宋的一项茶叶管理政策说起。

在当时，老百姓普遍有饮茶的习惯，茶叶和盐一样，是人们日常必备的生活用品。不仅南宋，相邻的金国也"下上竞啜，农民尤甚，市井茶肆相属"①。但北方不产茶叶，平时所需茶叶主要从南宋进口。有关资料显示，当时金国仅茶叶这一项进口的花费就达百万以上。

面对如此庞大的消费群，连年战乱导致财政紧张的南宋政府自然不会视而不见，于是出台了一项政策：交易前，茶商必须先交税，从政府那里购买"茶引"。"茶引"相当于茶叶的运

---

① 〔元〕脱脱等撰《金史》卷四十九志第三十《食货四》，中华书局，1975，第1108页。

销凭证。有了这个凭证，茶商才能从茶农那里买茶，然后根据茶引上规定的时间、地点和数量进行销售。按照当时大臣李椿的说法，一张茶引只能买一百到一百二十斤茶，而买一张茶引要花费四十到五十缗，这样一来，贩茶的成本就大大增加了，茶商几乎无利可图。为了获得收益，贩运私茶的商贩越来越多，他们不通过官府许可，私自从茶农处买茶，逃避茶税，然后以低廉的价格销售到用户手中。①

政府察觉后，当然不会放任不管。于是官府明令禁止、严格盘查、严厉打击贩卖私茶的行为。茶商为了利润，不惜与政府对抗，他们常常成群结伙甚至组织私人武装强行贩运。就这样，双方的矛盾越积越深。

淳熙二年（1175年）四月，大规模的武装冲突终于爆发。以赖文政为首的四百多名茶商组成武装队伍，发动了起义。这支起义队伍从湖北打到湖南，击败沿途的官兵后，又转战到江西境内，最后在永新县一个叫禾山洞的地方驻扎下来。虽然这支武装是以利益为驱动，属于官逼民反，但在统治者的眼里，他们不顾明律禁令，犯上作乱，等同于强盗，因此被称为"茶寇"。

茶商起义吓坏了一些南宋官员。江西提点刑狱使叶衡己面对

---

① 李椿：《奏减茶引价钱疏》，收入〔明〕杨士奇等编《历代名臣奏议》卷二百七十一《理财》，《钦定四库全书》影印本。

来势汹汹的茶商军，毫无应对措施，畏惧胆怯，因而遭到言官弹劾被贬官。新任江西提刑是老臣方师尹，已经七十多岁了，刚接到任命便直接吓出病来，畏避迁延，宁死不肯去江西。宋孝宗大怒，只好解除了对他的任命。

为了剿灭茶商军，朝廷先是派江州都统皇甫倜前去招讨。但皇甫倜的部队还没有出动，茶商军已越过大庾岭到了广东境内。广东提点刑狱林光朝未等朝廷下令，便率领官兵迎头拦击，茶商军战败，又返回到江西，出没于安福、永新、萍乡等地，并屡次打败追击的乡兵。朝廷又命令江西兵马副总管贾和仲出兵讨伐。贾和仲是一名老将，自恃作战经验丰富，人数又是茶商军的几倍，根本没把这支武装放在眼里。来到永新禾山洞后，他让士兵连夜搜索，欲速战速决，没想到中了义军的圈套，大败而归。

没想到小小的茶商军竟然有如此大的本事。然而该罢的罢了，该免的也免了，"茶寇"还在，该怎么办呢？就在朝廷束手无策的时候，宰相叶衡站了出来，他向孝宗推荐辛弃疾，说他参加过农民起义军，了解这类部队的弱点，又懂军事，可以把他派去试试。

就这样，辛弃疾终于有了一次可以带兵作战的机会。淳熙二年六月十二日，他被朝廷任命为江西提点刑狱使，节制诸军，讨捕茶寇。

前文说过，宋代在地方上设一级监察区路，设"监司"管理路不同方面的事务。宋代在路主要设有四大监司，分别是转运使"漕司"、提点刑狱公事"宪司"、提举常平司"仓司"、安抚使"帅司"。各监司官员互不统属，分别对朝廷负责。提点刑狱公事管理的是刑狱事务，负责地方的司法与治安，管理案件的审判与复核，与现在的省级法院院长、检察院检察长、公安厅厅长的工作有某些重合之处，另外其还有监察地方官员、劝课农桑的职责。又称"提点刑狱使"，简称"提点刑狱"或"提刑"，俗称"宪臣""部刺史""臬使"等。

七月初，辛弃疾领命离开临安，赴江西上任。

尽管辛弃疾对这个新职位、新任务充满信心，但并不敢轻敌。到了江西后，他做的第一件事就是武装军队。他将江西各府、州、军的乡兵和弓手都集中起来，经过整顿挑选后，淘汰掉一批老弱病残，其余的全部充放到剿"寇"前线。然后又颁下重赏，从当地驻军、民兵和土豪武装中招募队员，加以训练后，成立了一支敢死队。他将队员和当地熟悉地形的乡兵合在一起，分成两部分：一部分负责守在出口要道，控制茶商军人员的出入；一部分负责进攻，到茶商军隐藏的地方搜索追击。同时，他又命令调来的正规军步步为营，虚张声势，但不主动出击，等茶商军筋疲力尽时，再相机而动，围追堵截。

茶商军的人数本来就不是很多，他们以前之所以能跟政府对抗，靠的是熟悉地形、有老百姓支持，信息灵通，打起仗来得心应手。政府军失败，除了由于兵士缺乏战斗力外，还因为大部队在山里施展不开，没有后勤保障。现在，辛弃疾改变了战斗策略，面对这样虚虚实实、有守有攻的军事部署，茶商军的活动范围越来越小，很快就支持不住了。

辛弃疾审时度势，乘机派人去茶商军的队伍中招降，宣称只要愿意自首，可以放他们一条生路。在政府军的围剿下，赖文政实在走投无路，只好亲自到辛弃疾处投降。

同年闰九月，这场轰动全国的茶商起义被辛弃疾平定了。回朝后，孝宗对大臣们说："江西茶寇已剿除尽，皇甫倜虽有节制指挥，未及入境，辛弃疾已有成功，当议优与职名，以示激劝。"①宋孝宗论功行赏，还给他加了一个职名——秘阁修撰。宋代常把馆、阁、殿等的文士机构的职名加给文官，以示优容，称为"贴职"。对于普通下级官员的贴职，从直秘阁至集英殿修撰共有九等。辛弃疾所加的秘阁修撰便是贴职，在九等中为第三等。

虽然辛弃疾获得了表彰，但他心里并不十分高兴，因为他打败的"敌人"并不是金朝的军队。他希望自己的军事才能发挥在北伐战场上，而不是镇压自己国内的起义军。另外，还有一件令他寒心的事，就在他平定"茶寇"、取得胜利的时候，他的至交好友叶衡突然被朝廷免了职。

原来，淳熙二年八月，宋孝宗欲选派泛使（宋朝临时派

————————

① 〔清〕徐松辑《宋会要辑稿》第181册《兵十九》，北平国立图书馆影印本。

往他国办事的一般使节）出使金朝，和金国谈判归还宋室陵地（宋朝历代皇帝陵墓所在地）的事，但在选派谁去的问题上有些踌躇，征询叶衡的意见时，叶衡说司谏汤邦彦口才不错，适宜出使金国。于是，孝宗便把汤邦彦召到了殿内。汤邦彦不想去，他认为这是一个苦差事，弄不好会丢脑袋，但圣命难违，又不得不去。当他得知是叶衡推荐了自己时，便恼恨在心，向孝宗打小报告，说叶衡曾经说过诽谤朝廷的话。宋孝宗一直对叶衡信任有加，没想到他也说朝廷的坏话，顿时怒不可遏，当天就免去了叶衡的丞相职位。

这件事让辛弃疾吃惊不小，也让他意识到了官场的无常和险恶。他在写给赣州太守陈天麟的一首词中感叹："过眼不如人意事，十常八九今头白。"（《满江红·赣州席上呈陈季陵太守》）意思是，人生中的事十有八九都是不如意的，你看，我的头发都白了。

淳熙三年（1176年）春，辛弃疾驻节赣州。赣州西北有一座平地凸起的山丘，叫郁孤台，唐宋时期是登临览景的名胜。赣江（又名清江）从郁孤台下辗转流过，经过造口，朝东北方向流入鄱阳湖。

一天，辛弃疾经过造口，他登上郁孤台，望着台下滔滔而过的清江水，不禁想起了四十七年前的往事。宋高宗建炎三年（1129年），金军南侵进入江西，到处烧杀抢掠，百姓流离失所，连隆祐太后也成了难民。为了躲避金兵，隆祐太后连夜乘船逃命。金兵在后面紧追不舍，来到造口后，情况危急，隆祐太后舍弃舟船，改走陆地。在当地乡兵的帮助下，延缓了金军追击时间，隆祐太后才侥幸逃脱。辛弃疾想起这段往事，心意难平，挥笔在江边的石壁上题了一首词。

　　郁孤台下清江水，中间多少行人泪？西北望长安，可怜无数山。

　　青山遮不住，毕竟东流去。江晚正愁余，山深闻鹧鸪。

　　　　　　　　　　　　——《菩萨蛮·书江西造口壁》

　　这首词的上阕以忆旧发端，下阕即景抒情，八句四十四个字，饱含着辛弃疾对国家、对民族命运的深沉关切和忧虑。菩萨蛮乃词中小令，一般用来抒写儿女情长，而辛弃疾却用它来写大题材，发大感慨，其宏大气魄令人叹服。

5. 铁腕平乱

　　辛弃疾滁州兴民和在江西平定茶商军的政绩，使他的能力获得了朝廷的认可，淳熙三年冬，朝廷又调他任京西转运判官。到了第二年春天，他又获得了知江陵府兼湖北安抚使的任命，管理一方军政和民事。

　　为了了解民生疾苦，辛弃疾经常下乡视察。他渐渐发现，湖北的治安情况十分混乱，尤其是盗贼居多，他们经常出没乡里，偷盗、抢劫老百姓的财物，有的甚至结党营私，团伙作案。老百姓对此叫苦不迭，而地方官员却束手无策。

　　辛弃疾通过调查走访，发现此问题存在已久，用常规手段恐难以解决，便决定重疾用重典，实行"严打"政策。于是，他下达了一道命令："得贼辄杀，不复穷竟。"①意思是，只要

---

① 〔南宋〕施宿等撰《嘉泰会稽志》卷十五《相辅·姚宪》，清嘉庆戊辰（1808年）重镌，采鞠轩藏版。

抓到盗贼便杀，不需要通过各种复杂的审理程序。这个办法虽然偏激一些，但很奏效，不出半年，湖北境内就"奸盗屏迹"了。①

因为镇压过茶商军，辛弃疾知道，有些人是迫不得已才做了盗贼，他们中的大多数是由于苛政而堕落的老百姓。为了湖北的长治久安，他又制定了一些惠民政策，如赈济灾民、减轻赋税等，赢得了当地百姓的爱戴。

辛弃疾采取严厉措施整顿地方治安，并非一帆风顺，不久就遇到了一件棘手的事。当时，屯驻在江陵的部队有个统制官叫率逢原，这人凶狠蛮横，劣迹斑斑。有一天，率逢原纵容部下在集市上闹事，打伤了多名百姓，被人们告到了府衙。辛弃疾经过调查后，发现错在军队一方。南宋时安抚使在地方上的军权其实很小，微乎其微，朝廷在地方上另外设有都统制司统领军队，职权在安抚使之上。统制是都统制的下属将领，统领某一支军队。辛弃疾无法直接惩处率逢原的部下，他就去找率逢原交涉，要求他依法惩治那些士兵。结果可想而知，率逢原不仅不买账，还态度恶劣，让辛弃疾不要多管闲事。辛弃疾是个"刚拙自信"的铁腕人物，自然也不肯罢休，于是双方相持不下，一直闹到了朝堂。朝中有个大臣叫程大昌，是个有正义感的官员，当他得知率逢原纵容部下殴打百姓后，极力向

---

① 《嘉泰会稽志》卷十五《相辅·姚宪》。

孝宗进谏："像这样的军帅屯驻在州郡，地方还怎么治理！"于是，孝宗下令，将率逢原坐削两官，降本军副将。可是，率逢原的处理结果下达后，辛弃疾也被调离了湖北，迁为隆兴府（今江西南昌）知府兼江西安抚使。这个结果就像对双方各打五十大板，不分胜负，也让朝中不少人感到难以理解。为此，程大昌还专门上奏，为辛弃疾鸣不平，但孝宗给他的答复是，既然率逢原降职了，辛弃疾也应该调职处罚，这样才显得公平合理。①

辛弃疾在湖北铁腕平乱，尽管平出了这样一场风波，但并没有影响他为官的积极性。到了江西后，他依然尽职尽责，对贪污、走私等现象严厉打击，毫不手软。兴国军知军黄茂材滥征百姓田赋米粮，引起百姓不满，辛弃疾将其恶行上奏朝廷，使其被连降两级。

然而，辛弃疾在江西不足半年，淳熙五年（1178年）春，他就接到朝廷调令，要他回临安担任大理寺少卿，负责狱讼案件的复查和审理工作。只是从地方到了中央，实质上没有什么变化。在离别江西赴任临安的路上，他感慨万端，写下两首词，抒发心怀。一首是《霜天晓角·旅兴》：

---

① 〔南宋〕周必大撰《周益国文忠公集》卷六十二《平园续稿》卷二十三《龙图阁学士宣奉大夫赠特进程公（大昌）神道碑》，清道光二十八年（1848年）镌，瀛塘别墅藏版。

　　吴头楚尾，一棹人千里。休说旧愁新恨，长亭树、今如此。

　　宦游吾倦矣，玉人留我醉。明日万花寒食，得且住、为佳耳。

另一首是《鹧鸪天·送人》：

　　唱彻《阳关》泪未干，功名余事且加餐。浮天水送无穷树，带雨云埋一半山。

　　今古恨，几千般，只应离合是悲欢？江头未是风波恶，别有人间行路难！

　　从这两首词中可以看出，辛弃疾已经厌倦了官场的频繁调动和宦游生活，但他又自我安慰，说功名利禄不过都是小事，该吃吃该喝喝，不应为此过分伤身劳神。古往今来令人遗憾的事太多了，不仅仅有悲欢离合。他一边劝慰自己，一边却又感慨——江头风高浪急，还不是最险恶的，最难的是行走在人间的路。

　　辛弃疾调到临安后，宦游生活并没有结束。淳熙五年八月，大理寺少卿的位置还没有暖热，他又被派到湖北担任转运副使。淳熙六年（1179年）春，又从湖北调到湖南，担任湖南转运副使。在湖北转运司的官员为他送行的宴会上，辛弃疾写下了一首《摸鱼儿》：

> 更能消、几番风雨，匆匆春又归去。惜春长怕花开早，何况落红无数。春且住，见说道、天涯芳草无归路。怨春不语。算只有殷勤，画檐蛛网，尽日惹飞絮。
>
> 长门事，准拟佳期又误。蛾眉曾有人妒。千金纵买相如赋，脉脉此情谁诉？君莫舞，君不见、玉环飞燕皆尘土！闲愁最苦！休去倚危栏，斜阳正在，烟柳断肠处。

——《摸鱼儿·更能消几番风雨》

上阕中，辛弃疾感叹春天太短，他害怕见到落花，希望春天能够永远留驻，可是春天对他的挽留却不予理会，依旧悄然离去。无奈，他只好一边埋怨春的无情，一边四处寻找一些春的痕迹，给自己一丝慰藉。情至深处的词人，仿佛一个天真任性的孩子。

在下阕，辛弃疾引用了"金屋藏娇"的典故。此典故出自魏晋志怪小说《汉武故事》，说汉武帝四岁时，喜欢他的表姐陈阿娇，对他的姑母，也就是阿娇的妈妈说，如果能娶阿娇为妻，会造一个金屋子给她住。小家伙长大后当了皇上，果真实现了诺言，娶了陈阿娇，并给她造了一座金屋。后来，陈阿娇因为骄横、利用巫蛊诅咒其他嫔妃而被打入冷宫，即长门宫。阿娇很后悔，她听说司马相如有才，便许下重金，求其为她写一首《长门赋》送给汉武帝，以倾诉她的苦闷和抑郁。汉武帝看到此赋后，很感动，于是又重新宠幸了她。

事实上，《长门赋》并非司马相如所作，正史里也没有陈皇后被废后又复得宠幸的记载。正如《长门赋》不拘泥故事真伪一样，辛弃疾也在词里对此故事进行了一番大胆的推测，他说，陈皇后本已约好了与汉武帝相会的"佳期"，后来汉武帝却迟迟未赴约，是因为阿娇已遭到了别人的嫉妒，这样纵使千金买下相如的《长门赋》，又有什么用呢？显然，辛弃疾是借陈皇后的故事暗喻自己的遭遇，他认为，自己之所以得不到朝廷的信任，是因为有人背后嫉妒，在皇上面前说他的坏话。下面，他笔调一转，用古代美人杨玉环和赵飞燕来告诫那些中伤他的人不要高兴得太早，你看连杨玉环和赵飞燕那样深受宠信的人，最后也会化为尘土的。

"闲愁"指没有来由，没有任何针对性的愁苦。最后的抒发更有意味。上面明明说"蛾眉曾有人妒"，下面又说这愁苦不知从何生发，看似矛盾，其实正暴露了辛弃疾内心的烦乱和不安。他说，愁苦的时候，不要去倚栏远眺，因为你会看到即将坠落的斜阳，它光芒暗淡，被笼罩在如烟的柳色里，这样的情景只会更加令人肠断神伤。

这首词的写作手法颇似屈原的《离骚》，从表面看是在伤春吊古，实际在抒写自己的政治情怀。辛弃疾将自己的哀时怨世、忧国之情都隐藏在了春残花落、蛾眉遭妒的情境背后。据说当年宋孝宗也读到了这首词，心中还有些不大高兴，大概是他读懂了其中的真意吧。

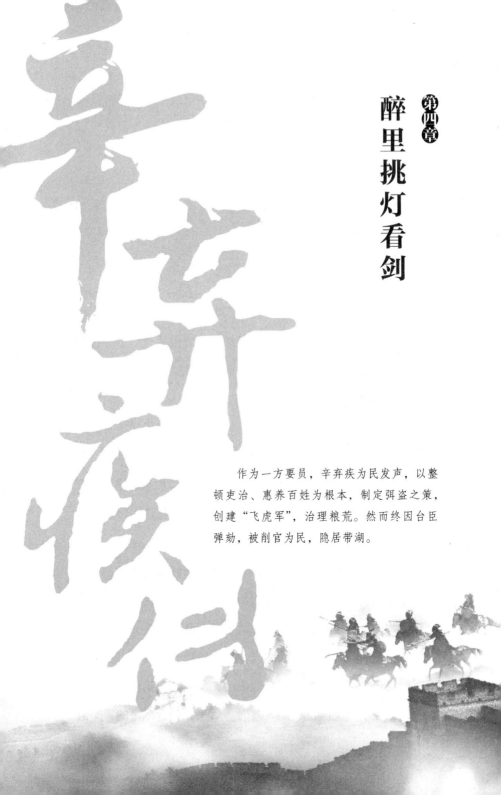

辛弃疾

第四章 醉里挑灯看剑

作为一方要员，辛弃疾为民发声，以整顿吏治、惠养百姓为根本，制定弭盗之策，创建"飞虎军"，治理粮荒。然而终因台臣弹劾，被削官为民，隐居带湖。

1. 为民发声

淳熙六年春天，辛弃疾从湖北调到湖南，继续当转运副使。经过很多次宦游的经历后，虽然他感觉很疲惫，但一接到新的任命，依然踌躇满志，勇往直前。但性格真挚、不善逢迎的他，刚到湖南就得罪了一些官场中人。

当时的湖南存在严重的社会危机，自乾道年间起，各种武装暴动和起义事件时有发生。此年正月，因当地政府推行"和籴"（通过摊派的形式强行收购农民粮食）政策失当，郴州宜章县爆发了以陈峒为首的暴动。他们以山区为根据地，接连攻破了好几个县城。

此时的湖南安抚使名叫王佐，他是高宗时期的状元，也是个有才华、有骨气的人，早年因拒绝依附秦桧而受到冷落，秦桧死后才被朝廷重新起用。王佐欲平定叛乱，但兵力不足。他向朝廷请求派兵，但未得到回复。这时恰巧有一位叫冯湛的太尉因罪蛰居湖南，王佐便去请他出山，又向社会招募乡勇八百余人，组成了一支队伍，深入敌穴。后来，朝廷派来的援军赶到，两军一起奋勇杀敌，于五月击败了陈峒，平息了暴乱。暴乱平定后，王佐受到了朝廷嘉奖，冯湛也因此重获任用。

时在湖南的辛弃疾特意写了一首词祝贺王佐，其中几句是：

> 三万卷，龙头客。浑未得，文章力。把诗书马上，笑驱锋镝。金印明年如斗大，貂蝉却自兜鍪出。
>
> ——《满江红·贺王帅宣子平湖南寇》

"龙头客"即状元，这里指王佐。大意是：你是读了万卷书的状元，但你取得的功名并没有借助文章的力量，你把诗书里的智慧用到战场上，指挥作战轻松自如。明年，你的官职会更大，貂蝉（侍从官帽子上的装饰）会出现在你的冠上。谁能想到你所取得的成绩源自军功呢？

辛弃疾也是文人，他写这首词本是想赞美同是文人的王佐，但王佐意会错了。他看到这首词后，"疑为讽己，意颇衔之"[1]，竟怀疑辛弃疾在讽刺自己，心里颇为不满。

辛弃疾在义军的部队里待过，又有平定茶商军的经验，孝宗将辛弃疾派到湖南，也有让他查清这里动乱频发的原因之意。辛弃疾知道每次暴动都不是平白无故的，为了弄清这次起

---

[1] 《齐东野语》卷七。

义的真正原因，他四处奔走，花费了大量时间进行明察暗访。七月末，他将自己调查分析得来的结果写成奏章，名为《论盗贼札子》，上报朝廷。

辛弃疾认为，所有事的发生都是有原因的。所以，他在这篇札子的一开始就写道：

> 臣窃惟方今朝廷清明，法令备具，虽四方万里之远，涵泳德泽如在畿甸，宜乎盗贼不作，兵寝刑措，少副陛下厉精求治之意。而比年以来，李金之变，赖文政之变，姚明教之变，陈峒之变，及今李接、陈子明之变，皆能攘臂一呼，聚众千百，杀掠吏民，死且不顾，重烦大兵翦灭而后已，是岂理所当然者哉？

这些暴乱，随便振臂一呼，就能聚起成百上千的人，他们杀戮官吏和百姓，连死都不怕，直到被军队消灭，这难道都是理所当然的吗？

接着，他以唐太宗与群臣的讨论为例，点明了老百姓为盗的原因。

> 臣闻唐太宗与群臣论盗，或请重法以禁，太宗哂之曰："民之所以为盗者，由赋繁役重，官吏贪求，饥寒切身，故不暇顾廉耻尔。当轻徭薄赋，选用廉吏，

使民衣食有余，则自不为盗，安用重法耶。"大哉斯言。其后海内升平，路不拾遗，外户不闭，卒致贞观之治。以是言之，罪在臣辈，将何所逃。

辛弃疾借唐太宗之口，说老百姓之所以盗窃，是因为赋役过重、官吏贪求，他们挨饿受冻，所以才不顾廉耻去做盗贼。而要避免这一切，应当轻徭薄赋，选用廉吏，使百姓衣食有余，而不应该去重罚。接着，他向孝宗描述了来湖南上任后的所见所闻。

自臣到任之初，见百姓遮道，自言嗷嗷困苦之状，臣以谓斯民无所诉，不去为盗，将安之乎？

百姓有苦无处诉，不去盗窃，还能怎样呢？

接着，他又向孝宗列举了官吏残害百姓的种种现象：

陛下不许多取百姓斗面米，今有一岁所取反数倍于前者；陛下不许将百姓租米折纳见钱，今有一石折纳至三倍者，并耗言之，横敛可知。陛下不许科罚人户钱贯，今则有旬日之间追二三千户而科罚者；又有已纳足租税而复科纳者，有已纳足、复纳足，又诬以违限而科罚者；有违法科卖醋钱、写状纸、由子、户

帖之属，其钱不可胜计者。军兴之际，又有非军行处
所，公然分上中下户而科钱，每都保至数百千；有以
贱价抑买、贵价抑卖百姓之物，使之破荡家业、自缢
而死者；有二三月间便催夏税钱者。其他暴征苛敛，
不可胜数。

虽然皇上有很多禁令，但上有政策，下有对策，地方官吏巧立
名目，横征暴敛，手段无所不用其极。还有比这更过分的：

州以趣办财赋为急，县有残民害物之政而州不敢
问；县以并缘科敛为急，吏有残民害物之状而县不敢
问；吏以取乞货赂为急，豪民大姓有残民害物之罪而
吏不敢问。故田野之民，郡以聚敛害之，县以科率害
之，吏以取乞害之，豪民大姓以兼并害之，而又盗贼
以剽杀攘夺害之，臣以谓"不去为盗，将安之乎"，
正谓是耳。

州横征暴敛，县搜刮民膏，吏索拿卡要，地主豪强兼并田产，
强盗抢劫掠夺，他们为了各自的利益，沆瀣一气，睁一只眼闭
一只眼，对老百姓层层盘剥。所以那些百姓不去为盗，还能怎
样呢？这些就是真相。

分析出了盗贼泛滥的真相后，辛弃疾一边表示自己一定

不负朝廷所托，坚决履行职责，不畏强御，还给百姓安定的生活；一边希望孝宗能把自己的这份奏疏发给州县，让他们能够领会惩处盗贼的宗旨：

> 伏望朝廷先以臣今所奏，申敕本路州县：自今以始，洗心革面，皆以惠养元元为意，有违弃法度、贪冒亡厌者，使诸司各扬其职，无徒取小吏按举以应故事，且自为文过之地而已也。

辛弃疾所提出的治道，其宗旨就是整顿吏治、惠养百姓。对于违弃法度、贪冒不轨行为，各部门要发挥起自己的职能，不要只抓几个基层小吏应付过去。他认为只有这样，才能真正达到"弭盗"的效果，让农民起义不再发生。

宋孝宗收到辛弃疾的札子后，很满意，宣谕宰相把其中的意见记下来，通知各路执行。宋孝宗本人是个明君，他对辛弃疾在札子中反映的问题，早已了然于胸，他批复辛弃疾，说为什么湖南存在官吏贪求、百姓为盗呢？主要有三大原因：

一，官员贪婪索取，而各路长官却不能监察处理；

二，当盗贼刚刚兴起时，各路长官往往茫然不知，只是坐视其猖獗发展；

三，平时无事时，各路长官就不加强武备，一味因循守旧，军队不加训练，士兵的时间常常被其他事务占用，一旦听说有人啸聚为盗，只能惊慌失措。

　　也就是说地方的主要负责人未能履行应有的责任，使地方潜藏祸胎，问题实质在于大权在握的封疆大吏们。随后，孝宗给辛弃疾升了官，让他接替王佐的职务，知潭州（今湖南长沙）兼任湖南安抚使，并让辛弃疾"行其所知，无惮豪强之吏"①，按照自己的想法，放开手脚去做，不必惧怕那些有势力的官吏。由此辛弃疾再次成为集一地军政大权于一身的帅臣。

　　看到宋孝宗的御笔，辛弃疾像吃了定心丸一样，信心满满，决心在湖南大干一场。

---

① 〔元〕佚名撰《宋史全文》卷二十六下《宋孝宗六》，《钦定四库全书》影印本。

2. 建飞虎军

辛弃疾担任湖南安抚使后，马上开始实施他的"弭盗"之术。他决定先从当地的民生开始做起。

淳熙七年（1180年）春天，湖南的永州、邵州、郴州三地发生了饥荒。以前遇到这种问题，国家的政策是在灾区开设粥棚，或者给灾民发放救济粮。辛弃疾发现，这种传统的救灾方式，无法从根本上解决问题。为了找到农民受灾的原因，他在当地进行了大量调研，发现当地河道堵塞，溪流不通，水利运输很不方便。河道不通，导致农民种地只能靠天下雨，一遇旱情便颗粒无收。针对这种情况，辛弃疾决定以工代赈。他招募大量灾民兴修水利，然后用国家历年来积攒的储备粮作为工钱发给他们，这样既帮助当地百姓度过了饥荒，又加强了农业的基础建设，一举两得。

辛弃疾对当地的教育也很重视。湖南是汉族与少数民族杂居的地方，经济贫穷，文化落后。针对这种情况，辛弃疾又写奏章向上请示，建议在少数民族集中的郴州宜章、桂阳军临武县兴办学校，让少数民族学习汉族文化，彼此融合，和平相处。

在湖南，有一种名为"乡社"的地方武装，其统领人一般都是当地的乡绅豪强。

乡社统领群众，多的达到几百户，少的也有两三百户。这些地方武装的建立原本是为了缉捕盗贼，维护地方治安的，但由于缺乏适当的管理和限制，逐渐演变成了豪强欺压百姓，甚至与政府叫板对抗。过去，由于地方官吏与乡绅间错综复杂的关系，他们相互勾结、相互利用，对乡社的违法行为采取睁一只眼闭一只眼的态度。有了官吏的庇护，乡社俨然一个独立王国，更加为所欲为，成了南宋政治机体上的一颗毒瘤。

朝中的有识之士，已经觉察到了乡社对政权的威胁，主张全部废除。但辛弃疾认为，全部废除不可取，因为乡社处在深山穷谷中，有好有坏，不宜一刀切。而且，乡民也需要一些自治组织，来协调乡里关系，维护社会秩序。如果强行解散，很可能会激化矛盾，引发一些武装对抗，造成不可收拾的局面。因此，他主张将乡社化大为小，缩小其规模，每个乡社统领户籍不超过五十家，而且要明确隶属关系，统一由县巡尉领导，受政府节制。他还规定，乡社的刀剑兵器要全部收缴，日常不许携带武器，乡社首领也须由政府任命。

经过治理后，湖南乡社的武装力量被瓦解，潜在威胁大大削减，欺压百姓的事件也很少发生。

稳定了湖南的局面后，辛弃疾意识到，若要湖南长治久安，没有一支可以起到镇压作用的军队是不行的，因此，他向朝廷提出，要在湖南创建一支地方军队，并给其取了一个名字，叫"飞虎军"。

辛弃疾的建军计划很快得到了宋孝宗的批准。有了朝廷的支持，辛弃疾如虎添翼，马上开始行动。

他制订了招兵计划，招募步兵两千人，骑兵五百人，为他们配备了铁甲武器，又请求朝廷允许，用税金到广西购买了五百匹马，并商定以后每年由广西安抚使代买战马三十匹。

有了军队，还要有军营。辛弃疾选定了五代时割据湖南的军队营垒故基。建造军营时，恰逢秋雨连绵不断，瓦烧制不出来。为了不影响进度，辛弃疾动员百姓，每户交二十片瓦，以一百文的价格购买，但必须两天内送到建筑工地。对于这道有偿征购命令，百姓们反应都很积极，很快凑够了建造军营所需的二十万片瓦。

砌边墙还需要大量的石料，辛弃疾就发动犯罪的僧侣、百姓进山采石，多劳者可免罪获释。命令一下达，长沙城北一个叫麻潭的地方，突然间来了许多开采石料的人，叮叮当当，不用督工就干劲冲天。没过多久，建造军营所需的石料也办齐了。

尽管如此，建军项目中依然有庞大的资金缺口。建立军队开销巨大，从军营的投建，到购买马匹、装备，还有士兵的粮饷，到处都需要花钱。飞虎军属于地方军，一切花销均需要地方承担。为了筹措这笔资金，辛弃疾又想办法取消了湖南地方的酒税，改为官府专营卖酒，即"榷酒法"。这一项改革，不但增加了政府的收入，还解决了建造飞虎军所需的资金问题。但对那些以卖酒为生的人确实不是一个好消息，导致一些人怨言颇大。于是，那些对辛弃疾有意见的人终于找到了把柄，很快有人向朝廷告状，说辛弃疾不知道体恤民众疾苦，利用建飞虎军的机会大搞摊派，搜刮民脂民膏，搞得民怨沸腾。

朝中有些官员也对辛弃疾建飞虎军有看法，他们认为禁军才是作战主力，厢军不宜过于强大。还有人因此质疑辛弃疾的动机，认为建军纯属政绩工程。宋孝宗虽然支持辛弃疾建飞虎军，但随着反对的声音越来越多，他也担心辛弃疾为了建飞虎军惹出别的事情来，于是立即颁下御前金字牌，要求辛弃疾马上停止对飞虎军的营建。

辛弃疾已经预估到会有阻力，所以他才不顾阴雨绵绵，采取多种办法赶工期。接到御前金字牌后，工程已经进行了一半，为了不半途而废，他把孝宗的旨令藏了起来，不让下属知道，并催促工人日夜施工，加快进度建设营寨。

一个月后，飞虎军的营寨建好了。为了自证清白，辛弃疾把所有的收入、开支账目等明细列了一个表，呈送朝廷。孝宗一看，账目清晰，且生米已经煮成了熟饭，也就不再说什么了。

就这样，辛弃疾依靠过人的胆识和智慧，顶住重重压力，终于建立了一支可以自己指挥的精锐部队。这支部队不但很好地维护了地方治安，使湖南很长时间都没有起义、民变事件，还成了长江沿线一支重要的防御力量，对边境的守备也起到了很大的支持作用。金人对这支武装也相当畏惧，称他们为"虎儿军"①。

———————————

① 〔南宋〕卫泾《奏按郭荣乞赐镌黜状》："湖南飞虎一军，自淳熙间帅臣辛弃疾奏请创置，垂四十年，非特弹压蛮猖，亦足备御边境，北敌颇知畏惮，号虎儿军。"转引自《历代名臣奏议》卷一百八十五《去邪》。

3. 治理粮荒

辛弃疾的志向是投身于民族斗争的最前线，打回老家去，夺回被金国侵占的领土。虽然这个梦想一直遥不可及，但飞虎军的建立，让他找到了自信，也看到了希望。这一年，江西转运判官张仲固被任命为知兴元府（今陕西汉中），上任时路过潭州，辛弃疾设宴款待他，即席写下了这首词：

汉中开汉业，问此地，是耶非？想剑指三秦，君王得意，一战东归。追亡事，今不见，但山川满目泪沾衣。落日胡尘未断，西风塞马空肥。

一编书是帝王师，小试去征西。更草草离筵，匆匆去路，愁满旌旗。君思我，回首处，正江涵秋影雁初飞。安得车轮四角，不堪带减腰围。

——《木兰花慢·席上送张仲固帅兴元》

秦朝灭亡后，西楚霸王项羽将汉中封与刘邦。刘邦以汉中为基地，在韩信、张良、萧何等的辅佐下，出奇兵打败了项羽，统一中国，建立了汉朝。当辛弃疾听说张仲固即将任职的地方就是汉中时，便想起了这段历史。

"追亡事"指萧何追韩信的事迹。韩信初到汉中时，曾就战略战术向刘邦提出过很多重要的建议，因刘邦对韩信尚不了解，都没有被采纳。韩信觉得刘邦不信任他，一气之下不辞而别。刘邦的得力助手萧何知道后，快马将韩信追回，并向刘邦推荐韩信，称他是"国士无双"，要统一天下，非倚重此人不可。刘邦这才拜韩信为大将。辛弃疾用这个故事，感叹当今文恬武嬉，像萧何那样尊重人才追回逃跑韩信的事，如今再也见不到了。眼看祖国的大好河山被胡人肆意践踏，怎不叫人伤感落泪呢？

张仲固名坚，字仲固。他是南宋高宗朝参政张纲之子，也是一个主张北伐并在军政事务中勤勉作为的有志之士。辛弃疾写这首词，既是鼓励友人，希望其在征西中大展宏图，同时也是在倾吐自己多年的心事。如今，他终于在湖南建立了自己的军队，也许，他从此可以实现自己的抱负了。

然而，令人遗憾的是，辛弃疾还没能好好享受一下自己苦心经营的成果，过一把指挥飞虎军的瘾，就被朝廷的一纸调令调离了湖南。淳熙七年冬，辛弃疾被差知隆兴府兼江西安抚使，贴职升为右文殿修撰。

南宋为了防止地方官坐大，形成割据势力，对地方官吏设置任职期限，一般是两年一任，甚至更短。两年后，如果没有特殊原因，就要调动调整。辛弃疾南归十八年，至此居然已被调动十六次。这种频繁的调动对官员事业的展开显然是不利的。辛弃疾早在调任湖北转运副使时就曾感叹："楼观才成人已去，旌旗未卷头先白。"（《满江红·江行和杨济翁韵》）意思就是，总是在一地刚刚有所建树，就要被调离。北定中原的夙愿未酬，人却已老去，怎不叫人郁闷呢？眼下，辛弃疾在湖南任职刚一年多，又面临着改任，被调往江西。

对辛弃疾来说，这已是他第三次到江西任职了。第一次是淳熙二年任江西提刑。第二次是淳熙四年（1177年），担任知隆兴府兼江西安抚使。转了一圈，辛弃疾又回到了原地。朝廷这一次派他到江西，不是平定茶商军，也不是惩治贪腐，而是有一个新的使命——治理粮荒。

"靖康之难"后，大量北方难民涌入南方，造成森林被大面积砍伐，土地垦殖过度，生态环境恶化，加上战争对水利设施的破坏，经常暴发大规模的旱灾和涝灾。有灾必有荒，旱灾引发的一个最突出的问题就是粮荒。灾荒之年，那些富户、商户为了卖高价，都把粮食藏起来，等待涨价以后再出售。而饥民、难民则乘机暴乱，哄抢粮食，劫掠货物，造成了严重的社会问题。鉴于之前辛弃疾在湖南曾成功赈济灾民，于是孝宗命他火速赶往江西救灾，治理粮荒，平复社会矛盾。

辛弃疾依依惜别湖南，惜别他亲手建立的飞虎军，赴江西就任。到了隆兴后，他先是像往常一样，微服私访一番，弄明白事情的来龙去脉后，便命下属在大街上贴出了赈济榜文，内容只有八个字"闭粜者配，强籴者斩"①。

前一句他是说给存有粮食的商户听的，凡是囤粮不售者，一律发配充军。后一句他告诉灾民和缺粮户，不能因为肚子饿就抢劫囤粮户的粮食，如有发现，一律问斩。这条法令，虽然看起来过于严格，但有效地制止了在灾荒年官商勾结牟利的行为，维护了岌岌可危的社会秩序，没有出现像湖南那样饥民啸聚为盗的局面，也为辛弃疾接下来治理荒政创造了条件，争取了时间。

南宋理学家朱熹当时出任南康（今江西庐山市）知军，深知治理灾荒的难度，得知八字榜文这件事后，称赞辛弃疾："这便见得他有才。若是洋洋洒洒写成长篇榜文，反倒显得啰唆不得要领。仅八字，简明而有力。"②

赈济榜文贴出后，辛弃疾又取出官府所有的钱财，号召吏民推举有才能又正直无私的人，分发给他们，让他们到丰收的地方去购买粮食，然后运回隆兴府销售。一时间，运粮的船只接踵而来，大量粮食涌入市场，粮价大跌。灾民们基本能够买得起粮食，维持生计。那些在官府领取了钱财的人，卖粮后赚取了差

---

① 《宋史·辛弃疾传》。
② 《朱子语类》卷一百十一《论民》。

价，归还钱财时又不用付利息。买粮和卖粮者均皆大欢喜。

辛弃疾虽然是江西安抚使，但主政地在隆兴府，所以救灾的举措也主要在隆兴府实行。邻近的信州也遇到了灾荒，缺粮少食，信州知州谢源明来隆兴借粮，请求拨米救助。隆兴府的官员不肯答应，担心粮借出后会导致隆兴市场上粮米不足。可辛弃疾不这么想，他考虑的不光是自己的政绩，还有天下苍生的温饱，他说："均为赤子，皆王民也。"[①]果断将买来的粮食匀出三分之一送到了信州，使信州的老百姓也渡过了难关。

救荒期间，辛弃疾视民如子，在百姓中赢得了不错的口碑。消息传到临安，淳熙八年（1181年）秋，孝宗论功行赏，为辛弃疾官加一级，官阶升为奉议郎，并进一级俸禄。这一年，辛弃疾四十二岁。

---

① 《宋史·辛弃疾传》。

4. 削官为民

　　淳熙八年冬天，辛弃疾由江西安抚使改任浙西提刑。就在辛弃疾准备离开江西前往两浙西路履职时，却收到了一封来自临安行在以当朝皇帝名义发布的制书——他被罢官了。

　　关于这次罢官的理由，《宋史》本传的记载十分简单，仅说"以言者落职"。"言者"就是言官，是宋代对有弹劾权利的御史或谏官的称呼。在宋朝，谏官的权力很大，他们可以在没有任何真凭实据的情况下"风闻言事"，弹劾各级官吏，事后如果认定弹劾有误，也不会受到任何处罚。

　　弹劾辛弃疾的"言者"叫王蔺，是新升任的监察御史。王蔺，字谦仲，号轩山，乾道五年擢进士第。从《宋史·王蔺传》所载的仕宦履历来看，王蔺升职极快，可以说是孝宗的宠臣，在当时有着不错的口碑。孝宗曾表扬他"鲠直敢言"，他犯颜忠谏，不拘形迹，有时连皇上的面子也不给。淳熙八年八月十一日，王蔺被孝宗破格提拔为监察御史。为报知遇之恩，兼且新官上任，王蔺工作热情特别高涨，一连奏劾了很多官员，辛弃疾便是其中之一。

王蔺弹劾辛弃疾的主要罪状，是"奸贪凶暴，帅湖南日虐害田里"①，意思是说辛弃疾奸猾贪婪、凶横残暴，在任湖南安抚使期间，残酷迫害老百姓。王蔺所述罪状，大多凭事推论，属主观臆断。但古人定案，全凭感觉，谣言说一千遍便成了真理。不久，朝廷便根据这些弹劾之词签发了制书，把辛弃疾的罪行定性为：

> 肆厥贪求，指公财为囊橐；敢于诛艾，视赤子犹草菅。凭陵上司，缔结同类，愤形中外之士，怨积江湖之民。方广略遗，庶消讥议。②

"肆厥贪求，指公财为囊橐"，意思是辛弃疾放纵他的贪求之心，把公家的财产放进了自己的口袋。辛弃疾在湖南所做的工作中，确实有两件事牵涉到了巨额的金钱和物资。第一件事是在湖南救灾时，他以工代赈，动员灾民兴修水利，动用了国家的储备粮给灾民发工资。弹劾的人没有说他贪污救灾物资，这一条应该可以排除。第二件事是飞虎军的建立。辛弃疾为了筹备资金，将"税酒法"改为"榷酒法"，触动了一些人

---

① 《宋会要辑稿》第101册《职官七二》。
② 〔南宋〕崔敦诗撰《西垣类稿》卷二《辛弃疾落职罢新任制》，收入〔日〕天瀑山人辑《佚存丛书》，清光绪八年（1882年）重刊。

的利益，引起不满，当时就有人在孝宗面前告状，说辛弃疾聚敛。后来，辛弃疾将建设飞虎军的所有账目呈送朝廷，才消除了皇上的疑虑。但建设飞虎军毕竟是一项大的开支，并不能消除所有人的疑心。淳熙十年（1183年），也就是辛弃疾遭到弹劾的两年后，当时的副宰相周必大在写给下属的信中，谈到辛弃疾建设飞虎军这件事时，说："辛卿又竭一路民力为此举，欲自为功，且有利心焉。"①意思是，辛弃疾竭尽一路百姓的力量去创建飞虎军，是想把它当成自己的功绩，而且有通过它来谋取私利的意图。周必大官高位重，在南宋政坛很有影响力，连他也这么说，可想而知当时的舆论对辛弃疾是很不利的。

但辛弃疾究竟为自己谋取了什么私利，周必大没有说，史料也没有记载，倒是现在一些怀疑辛弃疾有经济问题的学者，根据猜测，帮忙找了一个实证。

辛弃疾在湖南为官期间还在江西上饶的带湖边兴建了一处别墅。根据洪迈《稼轩记》记载："其纵千有二百三十尺，其衡八百有三十尺，截然砥平，可庐以居。"可以看出辛弃疾的这座庄园之规模是很大的。好友陈亮曾来信说："始闻作室甚宏丽，传到《上梁文》，可想而知也。见元晦说潜入去看，以为耳目所未曾睹。"②陈亮说，辛弃疾的新居建成后，朱熹有一次

---

① 《周益国文忠公集》卷一百九十五《淳熙十年与林黄中少卿书》。
② 〔南宋〕陈亮著，〔南宋〕陈沈辑《龙川文集》卷二十一《与辛幼安殿撰书》，清同治八年（1869年）永康应氏重刊本。

路过，曾偷偷潜入府中观看，说新居之宏伟壮丽是他从来没见过的。有些学者便认为，如此庞大的建筑，还有一大家子人要养活，仅仅依靠辛弃疾的那点儿工资怎么能行呢？但此说法却被宋史的研究专家邓广铭先生否定了，他还专门写文来论证自己的观点。他指出，宋时所称的田庄或庄园，主要以大片的农田为主，然后配以附属建筑物，例如粮仓、打谷场等等。辛弃疾的带湖居所并非大庄园，"也只是稍不一般的几间房屋，称不起'豪华的府第'和'庞大的园林'"，所以他认为辛弃疾贪污的罪状不能成立，全都是由政治上的敌人诬构而成的。①

邓广铭先生为辛弃疾的辩护，应该说是很有力的。他在建设飞虎军的过程中是不是真的有贪污行为，在现存的史料中找不到直接的证据，最多只能说是"莫须有"，查无实据。

"敢于诛艾，视赤子犹草菅"，是说辛弃疾敢于诛杀，视百姓如草芥。

从辛弃疾的过往经历来看，说他敢于诛杀，确实不为过。譬如他曾单枪匹马诛杀偷盗义军大印的和尚义端，后来又率领五十骑活捉叛徒张安国，足以证明他不是胆小之辈。南渡后，他又领命镇压了茶商军，杀了投降的义军首领赖文政。宋孝宗

---

① 邓广铭《读〈漫谈辛稼轩的经济生活〉书后——与罗忼烈教授商榷》，载于《邓广铭治史丛稿》，北京大学出版社，2010年6月第2版。

虽然表扬了他，还给他升了官，但也说他"不无过当"①，把不该杀的人也杀了。后来辛弃疾在湖北平盗，实行"严打"政策，"得贼辄杀，不复穷究"，因执法过严，也引起过一些争议，但据此就说他"视赤子犹草菅"，显然不符合事实。他在湖南主政期间改善民生，救助灾荒，还兴办教育，怎能说视百姓为草芥呢？

对辛弃疾"凭陵上司"的指责，倒是不太冤枉。"凭陵上司"就是冒犯上司，不听领导的话。辛弃疾在建飞虎军时把御前金牌藏起来，受而不办，确实有点儿冒犯上司，但根据当时的情况，也情有可原。

说辛弃疾"缔结同类"。辛弃疾在仕途上升过程中，的确与赵彦端、史致道、叶衡等人走得很近，他们立场相近，志趣相同，互相推举，但并没有投机行为，况且凭辛弃疾的才学和能力担任安抚使并不为过。

既然对辛弃疾的许多指控都缺乏有力的证据，为什么言官还那么执着地弹劾他呢？有人说是政治斗争。辛弃疾性格狷介，敢于直言，在官场中得罪了很多人，湖南原安抚使王佐就是一例。辛弃疾不光写词称赞王佐被误解，不久又取代了王佐的职位，让一些人误会加深。

为了证明辛弃疾的"奸"，王蔺还收集了辛弃疾与旧友

---

① 《宋会要辑稿》第178册《兵十三》。

同僚的往来书信和诗词唱和，作为他缔结同类、方广赂遗的证据。

辛弃疾也知道他"刚拙自信"的性格不讨好，很多人容不下他，所以他在《论盗贼札子》中便说："臣孤危一身久矣，荷陛下保全。"意思是，我处在孤单和危险的境地已很久了，全靠陛下您保全我。辛弃疾在湖南做的许多事都是得到孝宗首肯的。可孝宗当政后期，渐渐失去了进取的锐气，越来越喜欢听话、好控制的大臣，从他开始提拔重用温和派的周必大就可以看出来。辛弃疾虽然有大本领，也立下过很多功劳，但南宋官场对他的普遍评价是"难驾御"[1]，王蔺弹劾辛弃疾时，尽管孝宗认为"论事颇偏"[2]，但依然听从了他的建议。

这是辛弃疾第一次被免职，距他治理粮荒有功升迁为奉议郎也仅数月。

---

① 〔南宋〕杨万里撰《诚斋集》卷一百二十《宋故少师大观左丞相鲁国王公神道碑》，《钦定四库全书》影印本。
② 〔南宋〕楼钥撰《攻媿集》卷九十三《忠文耆德之碑》，《钦定四库全书》影印本。

5. 隐居带湖

　　辛弃疾曾三度宦游于江西，或许对江西有了感情，不知道哪一年，当他来到江西的上饶时，觉得这里很适合居住，便决定把家园安置在这里。

　　据洪迈《稼轩记》记载，上饶风景优美，交通便利，是士大夫们乐于居住的地方，仅上饶城内和近郊就有近百户官绅人家。辛弃疾选中的那块地皮，距离上饶城北有一里许。它空旷无主，而且三面靠近城墙，更喜人的是，旁边还有一个狭长的湖泊，湖水清澈可爱，远观如一条玉带，辛弃疾便为其取名为"带湖"。

　　辛弃疾派人在这块地皮上着手营建，他亲自规划设计图纸，在高处建造房屋，低凹处辟为稻田，青径竹扉，锦路海棠，池塘茅亭，应有尽有。辛弃疾想学陶渊明和苏东坡，亲自下田耕种，体验劳动的辛苦与快乐。为明心志，他还特意给面临稻田的一排平房取名为"稼轩"，说"人生在勤，当以力田为先"①，以示他对农业的重视。后来，"稼轩"就成了他的别号。

带湖新居上梁时，根据风俗，辛弃疾写了一篇《新居上梁文》，其中写道：

百万买宅，千万买邻，人生孰若安居之乐？一年种谷，十年种木，君子常有静退之心。

"百万买宅，千万买邻"是一个典故，出自《南史·吕僧珍传》，说的是一个叫宋季雅的人，把名士吕僧珍邻家的房屋买了下来。吕僧珍问他花了多少钱，宋季雅说一千一百万。吕僧珍觉得贵，宋季雅说："一百万买的是房子，一千万买的是邻居。"这则典故表达的是房子易得，好邻居难求。而辛弃疾在这里表述的意思却恰恰相反，他说没有必要花这么多钱去跟名人套近乎、攀交情，人生有什么能比得上安闲居住的快乐呢？如果希望一年就看到收益，你可以去种稻谷；愿意等十年的，你就去种树，全凭自己的意愿和选择，君子应常怀有一颗宁静闲退之心。他还解释了在这里建造住宅的缘由：宦游久了，我已感到疲倦，想安定下来，给自己建造一个居所。由此可见，辛弃疾早就萌生了退隐耕作之心，只是他的事业心不容他轻言

_____

① 《宋史·辛弃疾传》。

放弃。

新居即将落成时，辛弃疾还在江西安抚使任上，得到消息后，他又写了一首《沁园春·带湖新居将成》：

三径初成，鹤怨猿惊，稼轩未来。甚云山自许，平生意气；衣冠人笑，抵死尘埃。意倦须还，身闲贵早，岂为莼羹鲈鲙哉！秋江上，看惊弦雁避，骇浪船回。

东冈更茸茅斋，好都把轩窗临水开。要小舟行钓，先应种柳；疏篱护竹，莫碍观梅。秋菊堪餐，春兰可佩，留待先生手自栽。沉吟久，怕君恩未许，此意徘徊。

"三径"指归隐者的居所。西汉末年，在兖州当刺史的蒋诩辞官归隐，他在院中开辟了三条小路，一条自己走，另外两条给志趣相投的朋友走。后来世人便以"三径"指隐居者的家园。苏轼有诗《次韵周邠》："南迁欲举力田科，三径初成乐事多。""鹤怨猿惊"则出自南朝齐孔稚圭的骈文《北山移文》："蕙帐空兮夜鹤怨，山人去兮晓猿惊。"意思是蕙帐空虚，夜间的飞鹤感到怨恨，山人离去，清晨的山猿也感到吃惊。这篇骈文描写了一个假隐士，离开他所隐居的北山去追逐名利，连动物看到后都感到怨恨和吃惊。"三径初成，鹤怨猿惊，稼轩未来"一句的大意是，居所即将建好，但我却没有回去，那里的鹤和猿一定以为我贪图名利，并因此埋怨我。

接着，词人似在自言自语：你总是说当隐士是自己的人生理想，却又总在红尘中奔波，连衣服上都沾满了俗世的尘埃，真是让人笑话。如果疲倦了就回去吧，越早越好。不仅仅是为了享受美味的莼羹鲈脍。你看那秋江上，一听到弓弦响，惊雁就急忙躲避，行驶的船只一旦遇到惊涛骇浪，也会赶紧返航。这个时候，辛弃疾估计已经听闻了一些风声，意识到自己已经处在危险境地。

在下阕，他开始想象隐居生活的种种美好。在东边的山冈再加盖一座茅屋，把临水的窗户全部打开。可以驾驶着小船去带湖里钓鱼，岸边应先种些柳树；用篱笆把那些竹子都保护起来，但不能影响了观赏梅花。秋天的菊花能餐，春天的兰花可以佩戴，它们都在等着主人回去亲自栽种。可我想了很久，担心皇帝不许我隐退，所以迟迟拿不定主意。

这时的辛弃疾虽然已经意识到自己处境危险，但还没有想到会被朝廷罢免，或许他还对朝廷抱有希冀，希望孝宗不会听从那些流言蜚语，能够继续保全他。

新居落成后，辛弃疾还写词向子女描绘新居的美好：

稼轩日向儿童说：带湖买得新风月。头白早归来，种花花已开。

功名浑是错，更莫思量着。见说小楼东，好山
千万重。

　　　　　　　　　——《菩萨蛮·稼轩日向儿童说》

辛弃疾告诉孩子们，他在带湖置买了新的家园。他在那里种了
很多花儿，目前那些花儿都已经开了。仕途功名都是错，以后
再不要去想，老了，就应该回归田园。他还告诉孩子们，新建
的小楼东边，风景秀美，还有千万重俊秀美丽的山川。

　　然而令辛弃疾没想到的是，新居落成没多久，他就收到了
朝廷罢免他的制书，被迫离开了宦游二十年的官场，从此开始
了他梦想中的隐居生活，这一隐居便是十年。

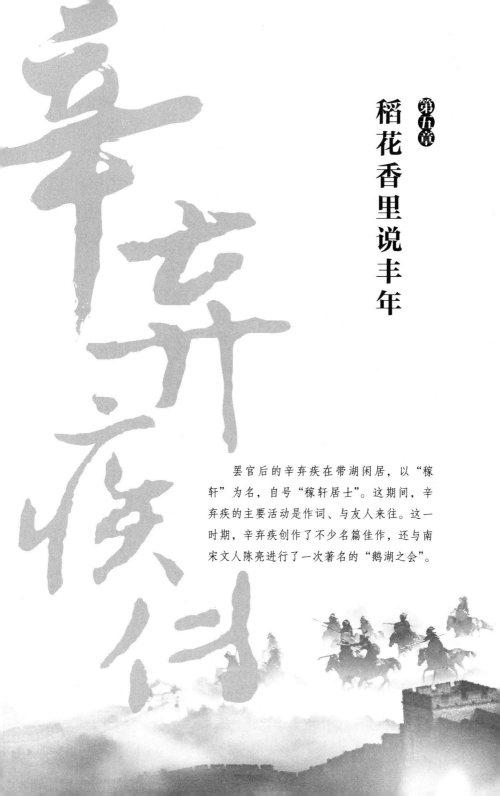

第五章

稻花香里说丰年

罢官后的辛弃疾在带湖闲居，以"稼轩"为名，自号"稼轩居士"。这期间，辛弃疾的主要活动是作词、与友人来往。这一时期，辛弃疾创作了不少名篇佳作，还与南宋文人陈亮进行了一次著名的"鹅湖之会"。

1. 稼轩居士

罢官后的辛弃疾在带湖闲居，以"稼轩"为名，自号"稼轩居士"。他对带湖依山傍水、幽雅宁静的环境特别满意。

辛弃疾对带湖非常喜爱，他在词里写道：

> 带湖吾甚爱，千丈翠奁开。先生杖屦无事，一日走千回。凡我同盟鸥鹭，今日既盟之后，来往莫相猜。白鹤在何处，尝试与偕来。
>
> 破青萍，排翠藻，立苍苔。窥鱼笑汝痴计，不解举吾杯。废沼荒丘畴昔，明月清风此夜，人世几欢哀。东岸绿阴少，杨柳更须栽。
>
> ——《水调歌头·盟鸥》

大意是：我太爱带湖了，远远望去，湖面宛如千丈翠绿色的镜匣打开。闲暇的时候，我手扶竹杖，脚穿麻鞋，在湖边来来去去，一日能走上千回。凡是与我结盟的鸥鸟，今日结盟后，以后来往不要互相猜疑。还有，白鹤在什么地方，把它也一起叫来吧。

隐居生活虽然清闲，但也难掩孤独。辛弃疾在带湖边徜徉徘徊，渴望友谊，但却只能与鸥鸟结盟。他一片赤诚，希望与鸥鸟结盟后，要彼此信任，不要互相猜忌。从这里可以看出辛弃疾厌倦官场的尔虞我诈，深受猜忌之苦，希望得到一份坦诚的友谊。

可他又发现，那些鸥鸟立于水边苍苔之上，时而拨动浮萍，时而排开绿藻，原来只是在伺机捕鱼，并不懂他的心意。接着，他又慨叹自己的新居，原来这里只是破败的池沼和荒芜的山丘，如今变得景色优美。看着带湖今昔的变化，他感叹人世沧桑，欢乐和痛苦总是相继变化的。

从这首词里可以看出，辛弃疾在远离官场后，心情有些孤独和郁闷，但又悠然自得。

辛弃疾把家人都接到信州，过着自耕自足的隐居生活。在这一时期，他开始多方面地接触和了解农村生活，并创作了大量赞美带湖风光、歌唱村居生活的词篇。

　　茅檐低小，溪上青青草。醉里吴音相媚好，白发谁家翁媪？

　　大儿锄豆溪东，中儿正织鸡笼。最喜小儿亡赖，溪头卧剥莲蓬。

——《清平乐·村居》

有一天，辛弃疾出去闲游，看到一家五口人在做农事，顿时诗兴大发，写下了这首作品。"吴音"指方言，江西上饶在春秋时代属于吴国，所以称那里的方言为吴音。"翁媪"，老翁、老妇。"亡赖"指小孩顽皮、淘气，"亡"通无。

在上阕，辛弃疾写这家人住在一所低矮的茅屋里，旁边有一条淙淙流淌的小溪，溪边长满了翠绿的小草。那是谁家的老人？他们说着好听的方言，正在亲热地聊天。

在下阕，他又写了这对老人的三个孩子。大儿子在小溪东边的田里锄豆，二儿子正忙于编织鸡笼，最可爱的是那个小儿子，他正横卧在溪头草丛，剥着刚摘下的莲蓬。

这首词动感十足，画面感极强，人物活灵活现，栩栩如生，给人一种诗情画意、清新悦目的感觉。

辛弃疾描写隐居生活快乐的词还有不少。

陌上柔桑破嫩芽，东邻蚕种已生些。平冈细草鸣黄犊，斜日寒林点暮鸦。

山远近，路横斜，青旗沽酒有人家。城中桃李愁风雨，春在溪头荠菜花。

——《鹧鸪天·陌上柔桑破嫩芽》

　　信州当地的农业以桑蚕为主，辛弃疾写这首词时应是初春。田间小路上柔软的桑枝刚绽放出新芽，东边邻居家养的蚕种已经孵出了小蚕。平坦的山冈上长满了细草，小黄牛在哞哞地叫，落日斜照在春寒时节的树林里，枝头栖息着一只只乌鸦。看远处，青山重重叠叠；观近处，小路纵横交错。飘扬着青旗的地方有户卖酒的人家。城中的桃李还在担忧着风雨的摧残，小溪边的荠菜花却已迎春傲然开放。

　　这首词是《鹧鸪天·代人赋》中的一首。初发的桑叶芽、刚孵出的蚕宝宝、悠然吃草的小牛犊、斜日林中的归鸦以及村头风中飘扬的酒旗、溪边盛开的荠菜花，这些山野中的寻常物，经过词人的排列组合，成了一幅主次分明、远近有致、动静相生、有声有色、情致盎然的田园早春图。

　　乡下还有很多丰富多彩的节日，譬如春社和秋社。节日里，人们会举行隆重的祭祀仪式，以祈祷来年五谷丰登。祭祀过后，人们食社饭、饮社酒、看社戏，十分热闹。辛弃疾也乐于参加这样的活动，下面这首词就是他在节日期间所作。

　　　连云松竹，万事从今足。挂杖东家分社肉，白酒
　　床头初熟。
　　　西风梨枣山园，儿童偷把长竿。莫遣旁人惊去，

老夫静处闲看。

——《清平乐·检校山园书所见》

"分社肉"是当时仍存的古风，每当春社日和秋社日，四邻相聚，屠宰牲口以祭社神，然后分享祭社神的肉。"白酒床头初熟"指白酒刚刚酿成。李白《南陵别儿童入京》有云"白酒新熟山中归，黄鸡啄黍秋正肥"，再看下阕的"西风梨枣山园"，由此可以看出，辛弃疾参加的应是秋社的祭祀活动。

辛弃疾拄着拐杖，到附近村庄看秋社，路过一片连云的松竹园。自隐居以来，他与世无争，看到如此美景，感觉很知足。或许词人经常到这里来，跟村里人相当熟识，他和乡亲们一起分吃社肉，喝刚刚酿好的白酒。回去时，起了西风，路过山里的果园，看到梨、枣都成熟了，孩子们拿着长竿，正准备偷打梨枣吃。辛弃疾在闲静之处静静观看，小孩的顽皮之举，词人没有苛责，而是包容地为他们"站岗放哨"，以免突然来人惊吓了贪吃的孩子。

这首词的妙处在于充满了童真和童趣。词人虽然自称老夫，但行动举止却像个无邪的孩童，在乡野享受自由自在的田园生活。

信州永丰县（今江西广丰区）有个博山岭，山峰远望如庐山的香炉峰。五代时，天台德韶国师曾在此建寺，名博山寺。

这里山峦叠翠、古树参天、泉石清奇，辛弃疾经常到这里游玩。后来他在博山建了一座"稼轩书舍"，更是成了这里的常客。下面这首词就描写了他起早来博山时在路上的见闻：

　　柳边飞鞚，露湿征衣重。宿鹭窥沙孤影动，应有鱼虾入梦。

　　一川淡月疏星，浣纱人影婷婷。笑背行人归去，门前稚子啼声。

　　　　　　　　　　——《清平乐·博山道中即事》

辛弃疾骑马从江边的柳树下经过，晨雾浓重，打湿了他的衣衫。他看到一只白鹭栖宿在沙滩上，睡梦中时不时地晃动身躯，许是梦到了心心念念的鱼虾。

山川沐浴在疏星淡月的清光中，虽然天还未亮，但江边已有勤快的妇女在洗衣服，她们体态轻盈，身姿婀娜。不远处忽然传来一声孩子的啼哭，正在溪边浣纱的母亲立即起身往家赶，路上遇见陌生的行人，羞怯地低头一笑，随即背转身匆匆离去。

在这首词里，看似全篇都在写景，其实无一处不在抒情，情融于景，寄意言外，生动传神。晚清词人况周颐曾说："词有淡远取神，只描取景物，而神致自在言外，此为高手。"①辛弃疾正是这样的高手。在他的眼里，到处都是诗情画意。

上饶县西四十里有一处黄山岭，也是词人经常去游玩的地方。有一次，他因着急赶路，到达那里时天色已晚。俗话说：一山有四季，十里不同天。山里的天气反复无常，一边是星月高照，一边豆大的雨滴已经落了下来。在如此奇妙的情景中，一首《西江月·夜行黄沙道中》应运而生：

> 明月别枝惊鹊，清风半夜鸣蝉。稻花香里说丰年，听取蛙声一片。
>
> 七八个星天外，两三点雨山前。旧时茅店社林边，路转溪桥忽见。

随着词人的描述，我们眼前仿佛出现了这样的景象：月光下，一只喜鹊受惊飞离了枝头。夜色中，清风徐徐，隐约传来蝉的鸣叫声。不远处的稻田里，一阵阵香气扑面而来，农人们一边听着蛙声，一边兴高采烈地展望着丰收的年景。

那边的天上还有几颗星星，而这边山前却下起了稀稀落落的雨。就在词人为即将到来的大雨担心的时候，小桥旁，转弯

---

① 〔清〕况周颐著《蕙风词话续编》卷一《刘招山〈一剪梅〉》，上海古籍出版社，2009，第162页。

处，社树边，一家乡村客店赫然出现在眼前。词人经常路过这里，不止一次在这间小客店歇脚，由于刚才过于专注丰年的喜悦和路上的景色，竟然没有注意茅店已经到了。

辛弃疾的农村词恬淡质朴，很容易让人想起陶渊明的桃花源，如：

> 鸡鸭成群晚不收，桑麻长过屋山头。有何不可吾方美，要底都无饱便休。
> 新柳树，旧沙洲，去年溪打那边流。自言此地生儿女，不嫁余家即聘周。
>
> ——《鹧鸪天·戏题村舍》

鸡鸭成群，即使晚上不收也不用担心会丢。高高的桑麻，都长得超过屋山头了。这里的人们日出而作，日落而息，没有欲望，也没有烦恼，追求的只是生活的温饱与安定。我们从词里可以看出，词人对这里的生活环境相当熟悉，他知道哪里新栽了一些柳树，知道溪水去年从哪边流过，甚至连这里的民风民俗也一清二楚。

辛弃疾的农村词虽然与陶渊明的诗相近，但他们的归隐却是完全不同的。陶渊明厌恶官场，渴望自由，而辛弃疾纵横疆场半生，是被迫"求田问舍"，与他报国的初衷相悖，心里难免会生一些杂念，所以他对这种"要底都无饱便休"——只追求温饱，没有欲望和烦恼的生活很羡慕。

归隐前，辛弃疾的词多慷慨激昂，如猛虎下山，豪气冲天；隐居带湖后，他创作的乡村小令如小桥流水，清新明丽，生机盎然，与他之前的风格相去甚远，令人感慨。可见环境确实能改变一个人的性情。通过这些词，我们也看到了辛弃疾的另一面：平易近人，恬淡随性，如春风，又如栖息于茅屋檐下的燕雀。

2. 心意难平

带湖有山水，有田园，风光秀美，鸟语花香。从表面看来，辛弃疾的隐退生活悠闲而自在，实际上他的内心充满着悲苦与凄凉，只是他学会了不说。

> 少年不识愁滋味，爱上层楼。爱上层楼，为赋新词强说愁。
>
> 而今识尽愁滋味，欲说还休。欲说还休，却道天凉好个秋！
>
> ——《丑奴儿·书博山道中壁》

这是辛弃疾在去博山的路上写的一首词。"层楼"即高楼。大概因为登高望远，很容易让人有所触动，在古代诗词中，登楼经常与"愁"紧密联系在一起。杜甫有《登楼》，曰："花近高楼伤客心，万方多难此登临。"唐代诗人陈子昂登上幽州的高楼后，也发出了"前不见古人，后不见来者。念天地之悠悠，独怆然而涕下"（《登幽州台歌》）的绝唱。年少时的辛弃疾，不知"愁"为何物，却偏偏"爱上层楼"，为作新词，无愁寻愁强说愁。

横槊少年，涉世不深，不懂得人生艰难，即使登楼，也是"指点江山，激扬文字"，这时候的"愁"是故作深沉、无病呻吟的"愁"。人到中年，终于知道了"愁"的滋味，却"欲说还休"。望着满眼秋色，只是发出一声慨叹：天气凉爽，好一个秋天啊！

心中愁绪郁结、块垒难消时，辛弃疾便会来博山，在博山寺里闲坐一会儿，与寺里的法师谈经论道，探究人生真谛。从官僚到农夫，经历了人生的大起大落，只有在这里，他的心才能够安静下来，通过与法师的交谈，得到安慰，有所觉悟。

> 不向长安路上行，却教山寺厌逢迎。味无味处求吾乐，材不材间过此生。
>
> 宁作我，岂其卿。人间走遍却归耕。一松一竹真朋友，山鸟山花好弟兄。
>
> ——《鹧鸪天·博山寺作》

这首词就是在博山寺中所作。"长安"借指南宋行在临安。"长安路"喻指仕途。"厌逢迎"，往来山寺次数太多，令山寺倦于接待，此为调侃之语。

　　"味无味"出自《老子》"为无为，事无事，味无味"。意思是，以无为的态度去有所作为，以不滋事的方法去处理事情，以恬淡无味当作有味。"材不材"语出《庄子·山木》："明日，弟子问于庄子曰：'昨日山中之木，以不材得终其天年；今主人之雁，以不材死，先生将何处？'庄子笑曰：'周将处乎夫材与不材之间。'"庄子的学生问，山中的那棵树，因为没有什么用而逃避了砍伐，得以存活；而主人的那只大雁，因为没有用，却被杀了头，到底是有用好还是无用好呢？庄子笑说："在有用与无用之间最好。"

　　词的上阕，辛弃疾说他不去临安，却频繁往来于博山寺，以至于博山寺都倦于接待他了。他甘心归隐于平淡的生活，自得其乐，做不材之材以终其年。事实上，这四句是怨辞反说。因为在下阕，他说自己不会改变自我去曲意逢迎别人，但紧接着却又说，自己为官半生，到头来却归耕田园，成了一个农民。一个"却"字流露出了他对当政者的不满，以及对当下处境的无奈和心酸，认为天下无君子可处，松竹才是真朋友，山鸟山花才是好弟兄。最后两句也表达了他对官场的失望，以及对仕途人情的戒畏。

　　虽然辛弃疾在词中宣扬，要"味无味处求吾乐，材不材间过此生"，实际上，他根本无法做到超然物外，因为他是有大志向、大抱负的人。他从小就立下抗金复国的志向，这种志向尚未实现，他怎么能甘心退隐呢？虽然初到带湖时，他曾表现出"久在樊笼里，复得返自然"（陶渊明《归园田居·其一》）的喜悦，甚至筹划着要过"左持蟹，右持杯。买山自种云树，山下斸烟莱"（《水调歌头·再用韵答李子永》）的田园生活，然而，闲适的生活是无法与他的宏伟志愿相提并论的。

此时的辛弃疾，表面看起来是一个淡泊冷静、不关心时事的人，实则胸中燃烧着炎炎烈火，因为他的内心惦记的不是山水田园，而是北方沦陷的江山。他在词里感慨：

> 平生塞北江南，归来华发苍颜。布被秋宵梦觉，眼前万里江山。
>
> ——《清平乐·独宿博山王氏庵》

一生在塞北和江南的土地上辗转，如今归来，已是满头白发。虽然已经苍老，但梦里醒来，眼前浮现的依然是祖国尚未收复的万里河山。

这种强烈的爱国之情，在另一首词中表现得更为真切：

> 渡江天马南来，几人真是经纶手？长安父老，新亭风景，可怜依旧。夷甫诸人，神州沉陆，几曾回首！算平戎万里，功名本是，真儒事，公知否。
>
> 况有文章山斗，对桐阴满庭清昼。当年堕地，而今试看，风云奔走。绿野风烟，平泉草木，东山歌

酒。待他年，整顿乾坤事了，为先生寿。

——《水龙吟·甲辰岁寿韩南涧尚书》

这是辛弃疾为朋友韩南涧过寿而作的一首词。韩南涧，即韩元吉，南涧是他的号，因其所居之地有一条小溪名南涧，故取此号。韩元吉在孝宗前期曾做过礼部尚书，出使金国，后累官至吏部尚书，退休后，也居住在上饶，与辛弃疾隐居的带湖相距只有七八里远，两人来往颇多。

在朝中时，韩元吉也是主战派，但他并不主张与金国马上开战，而是认为应当等时机成熟后再动手。张浚发动隆兴北伐时，他认为南宋已多年不修兵事，军队士气低落，兵备陈旧，如果此时开战，胜利的可能性极小，所以曾极力反对。他主张先用和议来迷惑敌人，为战争争取时间，然后操练士兵，更新武器，等准备充分后再动手。这种观点与辛弃疾十分相似，因此两人有很多共同语言。

淳熙十一年（1184年），农历甲辰年，韩元吉过生日时，辛弃疾为他写词祝寿。辛弃疾从国家大事开始谈起，并引用了许多历史典故，借古喻今，大发议论和感慨。

"渡江天马南来，几人真是经纶手"中的"渡江天马"出自西晋童谣"五马浮渡江，一马化为龙"[1]。说的是永嘉年间，西晋被匈奴灭亡后，西晋的五位皇室子弟一同渡江逃命，其中司马睿在建康称帝，创建了东晋王朝。这就是"五马浮渡江，一马化为龙"的来历。宋朝的情况与其相似，"靖康之难"后，赵构南逃建立南宋，以临安为行在。辛弃疾在这里是借东晋来说南宋。

"新亭风景"是《世说新语》中的一个典故。东晋初年，南渡的朝臣大夫经常在新亭宴饮，有一次某个人感叹说："风景依旧，江山却已易主。"众人闻言相对而泣。这时，丞相王导站起来说："我们应该一心扶助王室，光复神州，怎么能像囚犯一样哭泣呢？"这就是著名的"新亭对泣"。

"夷甫"是西晋宰相王衍，他在位时，崇尚清淡，不理国政。这里指当权者空谈误国。

辛弃疾在词中说："自宋室南渡以来，有几个人是治理国家的能手呢？中原的父老乡亲天天盼着祖国统一，朝廷中的有识之士也无不感叹山河破碎。可那些夸夸其谈的当权者，只考虑自身的利益，对收复失地的事情一点儿也不关心。先生你知道吗？我认为，建功立业，报效祖国，留名青史，才是读书人的事业。"

---

[1] 〔唐〕房玄龄等撰《晋书》卷六帝纪第六《元帝本纪》，中华书局，1974，第157页。

上阕中的最后几句，辛弃疾实际是在告诉韩元吉，抗金复国的大业，还有待于他们这些人来完成。

在下阕，辛弃疾对韩元吉好一顿夸赞，然后说道："待他年，整顿乾坤事了，为先生寿。"意思是，等将来完成复国大业后，再为先生祝寿。从这里可以看出，辛弃疾对南宋的恢复大业是充满决心和信心的。

可是，虽然辛弃疾满怀报国之心，想为国家效力，但因有着被罢官的黑历史，要想取得朝廷信任，被重新任用，又谈何容易呢？

淳熙十四年（1187年），命运还是给辛弃疾开了个玩笑，差点让他梦想成真。据张端义《贵耳集》记载，辛弃疾被撤几年后，左丞相王淮打算向朝廷推荐辛弃疾，让他再度出任安抚使一职，但此举却遭到了右丞相周必大的反对。周必大还忌惮着辛弃疾"用钱如泥沙，杀人如草芥"[1]的恶名，便说，如果用辛弃疾，他杀的人，欠的命债，我们这些执笔断案的人也要一并担待了。见他这么说，王淮也不好再说什么，只是向孝宗建议，说辛弃疾有才华有本事，在国家出现紧急事情时，能够派上用场。于是宋孝宗便给辛弃疾安排了一个主管冲佑观的职位。

主管冲佑观属于闲职。古代的皇帝信仰道教，往往建立很

---

[1] 《宋史·辛弃疾传》。

多道观，并设官员管理。宋代皇帝更加信仰道教，不仅全国遍设宫观，还让宫观成了安排闲散官员的岗位，官员因养老、退休或罢黜，都可以被任命为某宫宫观使。这也是宋朝显示优容的一种手段，官员不须到任，除了能领点薪水，没有什么实际权力，于是辛弃疾依旧居住在带湖。

不久后，又出现了一件蹊跷的事，政府的一份邸报上出现了一则消息，说辛弃疾是因病辞职。看到此消息，辛弃疾又好气又好笑，为此专门写了首词：

> 老子平生，笑尽人间，儿女怨恩。况白头能几，定应独往；青云得意，见说长存。抖擞衣冠，怜渠无恙，合挂当年神武门。都如梦，算能争几许，鸡晓钟昏。
>
> 此心无有新冤，况抱瓮年来自灌园。但凄凉顾影，频悲往事；殷勤对佛，欲问前因。却怕青山，也妨贤路，休斗尊前见在身。山中友，试高吟楚些，重与招魂。
>
> ——《沁园春·戊申岁，奏邸忽腾报谓余以病挂冠，因赋此》

戊申岁，即淳熙十五年（1188年），辛弃疾在题序中解释了写这首词的意图：传抄奏章的官邸忽报，说我因病辞职，故作此词，以明视听。

在词的上阕，辛弃疾想表达的是，他的心胸宽广得很，无论是被弹劾也好，辞官也罢，随别人怎么说，他都不计较，也无所谓。他说自己年事已高，理应归隐，甚至觉得自己早就应该潇洒地隐退了，不应等到被弹劾罢官。他感慨地说，往事都如梦，邸报为我延长若干年为官生涯，然而鸡晓钟昏、日复一日，又能有何区别呢？不足较也。

在下阕，辛弃疾描述了自己被罢官后的生活：没有什么新的冤屈，经常抱着水瓮浇菜园，凄凉地对着自己的影子，悲伤地回忆往事。他甚至想问问大智慧、大觉悟的佛，这般坎坷的人生际遇，究竟是因为什么。看了邸报的消息，他担心自己归隐山里，也会阻挡一些人的升官之路。在词的最后，他以玩笑的口吻说：我已经被罢官了，现在邸报又让我被罢了一次，这些年，难道是我的魂魄在外面飘吗？如果是这样，就烦请山里的朋友高吟楚辞，把我的魂魄招回来吧。这种自嘲式的幽默背后，其实隐藏着词人深深的心酸和无奈，也反映出他既希望远离政治，又不甘长期隐退的复杂而矛盾的心情。

3. 英雄相惜

淳熙十五年秋，郁郁寡欢的辛弃疾突然接到陈亮来信，约他在铅山紫溪相见，共同商讨抗金复国大计。辛弃疾精神为之一振，这才想起，他与这位相知相投的好友已有十年未见了。

陈亮，字同甫，生于绍兴十三年（1143年），比辛弃疾小三岁，婺州永康（今属浙江永康）人。据《宋史·陈亮传》记载，陈亮"生而目光有芒，为人才气超迈，喜谈兵，议论风生，下笔数千言立就"。意思是说，陈亮这个人，生下来时眼中就有光芒，他为人豪迈，才华横溢，喜欢谈论兵法，讲起来就滔滔不绝，写起文章来，数千言一挥而就。陈亮的母亲生下陈亮时才十四岁，他是跟着祖父长大的，其曾祖父在宣和年间从戎死于抗金战场，因此，他跟辛弃疾一样，从小就树立了抗金志向，以不能洗雪北宋被金灭亡的仇恨为耻，极力主张北伐。

十八岁时，陈亮就熟读兵书，他考察古今用兵方略，写出了《酌古论》一书，对历史上的一些人物和事件进行分析和评价。当时的婺州郡守周葵读过此书后，对陈亮的才华非常赏识，认为他未来可期，有朝一日可做国士。后来，周葵得到升迁，到朝中做了参知政事，便聘请陈亮为其幕宾，每每有重要的客人来访，都要引荐陈亮。周葵希望陈亮在道德性命学方面有一番作为，建议他读《中庸》和《大学》。但陈亮读过后，对此不感兴趣，他认为那种空谈心性的道德性命学没什么用处，尤其对抗金统一大业没有帮助。

陈亮快意恩仇，做人做事敢作敢当、雷厉风行，但很多人对他的行为不理解，尤其没有读过他诗词文章的人，会觉得他是一位性格简单的赳赳武夫，或者莽撞行事的愣头青。"隆兴和议"后，南宋上下都松了一口气，认为从此就可以安心过日子了。只有陈亮不以为然。乾道五年，他以一介布衣的身份，向朝廷连上五道奏章，反对和议，这就是著名的《中兴五论》。遗憾的是，这次上疏并没有得到朝廷的回应。但陈亮没有气馁，淳熙五年，时年三十六岁的他毅然离开家乡，来到行在临安，再次向朝廷上疏，请求孝宗北上洗雪国耻，以收复被金吞噬的土地。在奏疏中，他直言批评皇上"今乃委任庸人，笼络小儒，以迁延大有为之岁月，臣不胜愤悱"，希望皇上"贬损乘舆，却御正殿，痛自克责，誓必复仇，以励群臣，以振天下之气，以动中原之心"。在分析了国家形势后，他告诫皇上：

"此诚今日大有为之机,不可苟安以玩岁月也。"[①]

此奏疏言语之犀利,以至于孝宗看到后赫然震动,但他不但没有生气,还被陈亮的一片忧国之心感动了,打算将其奏章张贴于朝堂,用以激励群臣,并仿照种放应诏的旧例,下诏书让陈亮上殿,想破格提拔他。孝宗有个亲信叫曾觌,听说这件事后,就抢先去找陈亮,想卖他一个人情,拉拢他到其阵营。但曾觌在朝中名声不好,很多正直的人都瞧不起他,陈亮也有耳闻。听说曾觌来了,他居然越墙而逃,让曾觌扑了个空。曾觌见陈亮不愿见他,很不高兴,便在孝宗面前说了他一堆坏话。孝宗因此犹豫起来,就暂时没有召见陈亮。但他并没有放弃,而是决定让都堂组成考察团,去考察一下陈亮。陈亮奏疏直言不讳,言辞犀利,朝中百官本来对他就有些看法。双方见面后,三言两语,话不投机,又产生了新的隔阂。考察团回来后,向孝宗汇报,说陈亮是秀才吹牛,纸上谈兵,并没有什么真才实学。孝宗平时最讨厌人说空话大话,便放弃了召见陈亮的打算。

陈亮等了十天,见没有动静,又连上两封奏疏。孝宗虽然已不打算重用陈亮,但大概是出于笼络人心的考虑,决定给他安排一个官职。但陈亮听说后,却拒绝了,他笑着说:"我

---

① 〔元〕脱脱等撰《宋史》卷四百三十六列传第一百九十五《陈亮传》,中华书局,1977,第12929—12943页。

给皇帝上疏，是为了国家长治久安，难道是为了求得一官半职吗？"说完便回了老家。

陈亮这次在临安向孝宗上疏期间，辛弃疾刚好由江西调到临安任大理少卿，经秘书省秘书郎、儒学家吕祖谦介绍，与陈亮相识。两人年龄相仿，志趣相投，又都是主战派，很多关于北伐的主张接近，所以极投缘，一见面便有说不完的话。陈亮也在给辛弃疾的信中说："亮空闲没可做时，每念临安相聚之适，而一别遽如许，云泥异路又如许……无以慰相思也。"①从这些文字中，我们可以看出两人之间的友谊深厚。刘熙载在《艺概》中曾评价二人说："陈同甫与稼轩为友，其人才相若，词亦相似。"②

这次会面后，由于种种原因，他们各自走上了不同的坎坷道路：辛弃疾宦游各地，辗转调任，继而被言官弹劾，被罢官而隐居带湖。陈亮则离开临安，回到浙江永康老家，继续过他读书作文、愤世嫉俗的日子。辛弃疾仕途多舛，陈亮的平民日子也不好过，回到家乡后，竟然被人诬告入了大狱。

陈亮入狱的原因说起来十分荒唐。他有一个叫吕约的学生，为其门下三杰之一。淳熙十一年的一天，吕约喝多了酒，忽然来了兴致，在一个破庙里演起了当皇上的戏。为了演得过

---

① 《龙川文集》卷二十一《与辛幼安殿撰书》。
② 〔清〕刘熙载著《艺概》卷四《词曲概》，浙江人民美术出版社，2017，第115页。

瘾，他还拉了一个妓女当妃子，让他的一个同伴卢某扮演右丞相。后来，卢某因为一点儿小钱跟吕约起了纠纷，就去官府告发吕约，说他有谋反之心，吕约于是被逮捕入狱。这件事情本来跟陈亮没有关系，可在吕约的案件尚未定性时，卢某的父亲参加了一场宴会，回去后病死了。因为那场宴会陈亮和吕约的父亲也参加了，卢某就去官府告状，说他的父亲是被陈亮和吕约的父亲一起投毒害死的。于是，陈亮和吕约的父亲也都被投进了大牢。陈亮是当地的名人，由于平时好说一些牢骚激愤的话，得罪过不少人，官府中那些看不惯他的人便落井下石，给陈亮栽赃了许多罪名。后来，吕约的弟弟吕皓赴临安上疏孝宗，陈说冤情，陈亮和吕约父子才得以获救出狱。

在监牢里，陈亮的身心受到很大摧残，从监狱出来后，他决定潜心读书，把心思放在学问上。

淳熙十四年十月，宋高宗驾崩，金朝派遣使者前来吊丧，态度十分傲慢。陈亮听说后，又坐不住了。次年，他特意赴建康视察形势，之后再一次上疏朝廷，他在奏疏中说："有非常之人，然后可以建非常之功。求非常之功，而用常才、出常计、举常事以应之者，不待知者而后知其不济也。"①大意是说，有非常之人才，才能建立非常之功业。要建非常之功，而只用一般人才，拟平常之计划，做平常之事情，是不能达到目的的。

---

① 《宋史·陈亮传》。

　　陈亮这次上疏的目的是想刺激孝宗，使其恢复北伐的意志和信心，但时机不对。此时孝宗正有退位之意，高宗驾崩后，丧事尚未办完，他便私下召学士洪迈入宫，以为太上皇守丧三年为由，欲将皇帝的宝座禅位给儿子赵惇，所以陈亮的意见便被搁置到一旁。

　　虽然没有收到回应，但陈亮抗金复国的热情并没有消减，这个时候，他想起了一个人，这个人就是与他"话头多合"（陈亮《贺新郎·寄辛幼安和见怀韵》）的朋友，同样拥有抗金复国志向的词人辛弃疾。

4. 鹅湖之约

铅山东二十五里有个奇师村（也作期思），村外瓜山下有一泓清泉。泉水从半山飞溅而下，先是流入一个状如臼的石窠中，而后又流入一个直径两米左右的瓢形石潭中，其水清澈见底，水味甘甜，大旱不涸。淳熙十二年（1185年），辛弃疾来铅山闲游，看到这幽居深山、清可照影的瓢形甘泉，忍不住掬了一捧，饮后感觉清凉甘美，顿时欣喜万分，作词说："便此地、结吾庐，待学渊明，更手种、门前五柳。"（《洞仙歌·访泉于奇师村得周氏泉，为赋》）意思是，我要在这里盖屋定居，还要学习陶渊明，在屋前种上五棵柳树。淳熙十四年，辛弃疾再访铅山，把泉和周围的几进房子全部买了下来。这泓泉原归一周姓人家所有，辛弃疾取孔子"一箪食，一瓢饮，在陋巷，人不堪其忧，回也不改其乐，贤哉回也"的含义，把"周氏泉"改为"瓢泉"。

转眼到了与陈亮相会的日子，此时已是冬天，辛弃疾在带湖的小楼中，日日翘首东望，等候好友的到来，却始终未见其身影。一日，辛弃疾受了风寒，浑身不适，遂决定携夫人到新购置的宅院小住，一边养病，一边等待陈亮。

往年，铅山的冬天只是有些微寒，但这一年却冷得出奇，不仅寒风刺骨，还飘起了鹅毛大的雪花。这天，辛弃疾温了一壶浊酒，站在窗前，小酌慢饮，欣赏窗外的雪景。

忽然，他看到前方不远处，有一人一骑在雪地里蹒跚而行。那马瘦骨嶙峋，好像很多天没吃东西了，走得特别缓慢。辛弃疾很纳闷，这样的天气怎么还会有人出门呢？但见他们走到桥头，那马不知道中了什么邪，站在桥头上，任主人如何拍打，再也不肯往前迈动一步。就这样，人马僵持几个回合后，只见人从马上跃下，挥动手中宝剑，愤然朝马颈砍去。顿时，血涌如注，地上一片殷红。

辛弃疾大惊，何人性情如此刚烈？想看仔细些，但由于距离太远，看不真切，于是他连忙下楼，要去会一会这位英雄。再说那人斩过马首后，推马扑地，拭干宝剑上的血迹，正欲徒步前行，看到迎面而来的辛弃疾，双方均一愣，原来此人正是陈亮。

自临安一别，他们已有十年未见，陈亮的事迹辛弃疾早有耳闻，对他钦佩不已，没想到他为了守约，竟不顾天寒地冻，踏雪前来相见。辛弃疾又惊又喜。当晚，两人对雪煮酒，一边对饮，一边探讨抗金复国的策略和计谋。他们都是主战派，政治观点接近，但在复国的具体方案上，又不尽相同。他们时而言笑晏晏，时而据理力争，讨论得十分热烈。陈亮身上铁血男儿的澎湃热情点燃了辛弃疾，使他似乎忘记了病痛，又回到了"旌旗拥万夫"（《鹧鸪天·有客慨然谈功名，因追念少年时事，戏作》）的青春岁月。两人相谈至深夜，仍无睡意，兴至浓处，陈亮拔剑起舞，辛弃疾击节高歌，二人肝胆相照，兴奋得不能自已。[①]

第二天，辛弃疾不顾身体不适，又带着陈亮到瓢泉北畅游鹅湖寺。鹅湖寺距瓢泉二十余里，为唐大历年间所建，淳熙二年六月，吕祖谦曾邀请朱熹和陆九龄、陆九渊兄弟在此会面，进行哲学交流，史称"鹅湖之会"。

此时朱熹住在崇安（今福建武夷山），与铅山相邻，陈亮来铅山拜访辛弃疾时，还写了一封信邀约朱熹一起前来。朱熹是南宋的理学家，虽然在政见上与陈亮看法不同，但并不影响他们成为朋友。陈亮曾专门去拜访朱熹，二人探讨学问十多天，之后交往频繁，朱熹每年生日，陈亮都不忘给他送上一份生日礼物。遗憾的是，这次由陈亮主导的鹅湖之约，朱熹却失约了。

辛弃疾与陈亮从鹅湖寺回来后，向南到紫溪等候朱熹，见朱熹久候不至，陈亮在辛弃疾这里逗留了十天，遂决定告别回老家。

---

① 辛弃疾与陈亮相会的这段故事见南宋赵溍《养疴漫笔》。

朱熹未赴陈亮之约，可能与二人思想分歧有关。朱熹是个道学家，淳熙十一年，陈亮遭无妄之灾入狱，出狱后，他向朱熹写信，告知他自己入狱之事，随后二人爆发了一场著名的"义利王霸"之争，即封建统治者应该以"义"为先，实行王道，还是以"利"为先，实行霸道。陈亮主张王霸并用，义利双行。而朱熹则认为，只要实施仁政，争取民心就行了。为了破除陈亮的功利之学，朱熹多次给陈亮写信，要他以醇儒之道自律，但每次都遭到陈亮的驳斥。这次鹅湖之约由陈亮主导，虽说是为了国家的恢复大计，但讨论中肯定会涉及义利王霸的话题，倘若陈亮与意气相投的辛弃疾结成联盟，与朱熹进行一场"王霸义利之辩"的舌战，朱熹是很难取胜的，所以他选择回避也在情理之中。

辛弃疾恋恋不舍送走了陈亮，在陈亮走后的第二日他竟又冒雪去追，遗憾的是由于天气原因没有追上。就是在那天夜里，辛弃疾写下了这首著名的《贺新郎·把酒长亭说》，在词的小序中，他对这段与陈亮相会的经历作了详细的描述。

　　陈同父自东阳来过余，留十日。与之同游鹅湖，且会朱晦庵于紫溪，不至，飘然东归。既别之明日，余意中殊恋恋，复欲追路，至鹭鸶林，则雪深泥滑，不得前矣。独饮方村，怅然久之，颇恨挽留之不遂也。夜半投宿吴氏泉湖四望楼，闻邻笛悲甚，为赋《乳燕飞》[1]以见意。又五日，同父书来索词，心所同然者如此，可发千里一笑。

把酒长亭说。看渊明风流酷似，卧龙诸葛。何处飞来林间鹊，蹙踏松梢微雪。要破帽多添华发。剩水残山无态度，被疏梅料理成风月。两三雁，也萧瑟。

佳人重约还轻别。怅清江天寒不渡，水深冰合。路断车轮生四角，此地行人销骨。问谁使君来愁绝？铸就而今相思错，料当初费尽人间铁。长夜笛，莫吹裂。

——《贺新郎·把酒长亭说》

朱晦庵，即朱熹，晦庵是他的号。鹭鸶林是个地名，乃古驿道所经之地。辛弃疾追陈亮到鹭鸶林，因雪深泥滑，不得前行，才停了下来。那天，他怅然若失，一个人在方村喝闷酒，恨自己没能挽留住好友。夜半，他投宿在姓吴的泉湖四望楼，听到不远处有笛声传来，其音凄凉悲切，更增添了烦闷的心绪，于是就写了这首词。

在这首词中，辛弃疾把陈亮比作陶渊明和诸葛亮。陈亮不爱做官、向往自由的性格确实很像陶渊明，但其满腹经纶、风流儒雅，又如同诸葛再世。二人千里相约，犹如长空中的萧

---

[1] 《乳燕飞》：《贺新郎》的别名。

瑟孤雁。后半阕，辛弃疾表露了自己在陈亮离开后的相思和失落。英雄失路，长夜笛裂。

陈亮走后五六天，来信索要词作，于是辛弃疾便把这首词送给了他。辛弃疾的词让陈亮有所感触，他马上也唱和了一首。

　　老去凭谁说？看几番神奇臭腐，夏裘冬葛。父老长安今余几，后死无仇可雪。犹未燥当时生发。二十五弦多少恨，算世间那有平分月。胡妇弄，汉宫瑟。

　　树犹如此堪重别。只使君从来与我，话头多合。行矣置之无足问，谁换妍皮痴骨。但莫使伯牙弦绝。九转丹砂牢拾取，管精金只是寻常铁。龙共虎，应声裂。

——《贺新郎·寄辛幼安和见怀韵》

时光无情，年华匆匆老去。陈亮感叹"靖康之难"时，留在中原的父老尚活着的已寥寥无几，如今在世的，都是当年乳臭未干的婴儿，已经不记得国耻家恨了。在下阕，他说，树都已经这么老了，再也经不起离别，只有君（指辛弃疾）从来与我"话头多合"，是相知相惜的知心好友。

读了陈亮追和的《贺新郎》后，辛弃疾深受感染，又用原韵和了一首相答。

老大那堪说。似而今元龙臭味，孟公瓜葛。我病君来高歌饮，惊散楼头飞雪。笑富贵千钧如发。硬语盘空谁来听？记当时只有西窗月。重进酒，换鸣瑟。

事无两样人心别。问渠侬：神州毕竟，几番离合？汗血盐车无人顾，千里空收骏骨。正目断关河路绝。我最怜君中宵舞，道男儿到死心如铁。看试手，补天裂。

——《贺新郎·同父见和再用韵答之》

上阕的大意是：我少年起即投身抗金事业，而今老大无成，还有什么可说的呢？所幸的是，还有志趣相投的朋友可以相聚。我生病的时候，你来看我，我们在一起畅谈、高歌，声音大得把楼头飞雪都惊散了。在我们眼里，祖国的统一大业有千钧重，人间富贵轻如鸿毛。纵使我们有收复国土的雄心壮志，可我们的豪言壮语有谁来听呢？记得当时，只有西窗的月亮。"硬语盘空"化用了韩愈的诗句"横空盘硬语，妥帖力排奡"（《荐士》），这里指他们畅谈国事、批判时局的激烈言论。

辛弃疾在词的下阕感叹："汗血盐车无人顾，千里空收骏骨。""汗血"指汗血宝马，据说产地在一个叫大宛的国家，非常名贵，能日行千里，奔跑时流出的汗就像血一样。据《战国策·楚策》载：有一匹宝马拉着盐车去太行山，累得膝折皮烂，仍是上不去，这种情景恰好被相马的专家伯乐看见，他非常痛心，抱着这匹马失声痛哭，并且解下自己的衣服罩在马身上。在这里，辛弃疾用"汗血盐车无人顾"来形容他和陈亮的遭遇，斥执政者不识人才，埋没人才。

"千里空收骏骨"，也是一个关于千里马的故事，此典故出自《战国策·燕策》。古时有个君王，想用千金的价格求购一匹千里马，但等了三年都没有买到。这时有个侍从站了出来，自告奋勇说他能找到千里马。三个月后，他果然找到一匹，但是那匹马已经死了，于是他就花了五百金把那匹马的头盖骨买了回来。君王大怒："我要的是千里马，死的有什么用？"侍从说："死马都花了五百金，何况活马呢？从此，天下人都知道大王愿意出高价，很快就会把马给您送来了。"结果不到一年，君王果然得到了很多宝马。辛弃疾用这个典故，讽刺南宋执政者以招贤纳士自我标榜。

"中宵舞"讲的是东晋名将祖逖"闻鸡起舞"的故事。晋王室迁到江东后，祖逖一心北伐恢复中原，夜里一听到鸡叫，就起床练剑。后来，"闻鸡起舞"就成了一个成语，用来形容能人志士发愤图强。这几句的大意是：汗血良马拖着笨重的盐车无人顾惜，当政者却要到千里之外用重金收买骏马的骸骨。北方被金人占领后，通往中原的路已经绝迹。我最佩服你为恢复国土而闻鸡起舞的壮志和决心，你说真正的男儿到死都会心坚如铁，不会改变志向。看吧，让我们试着施展身手，像女娲补天一样，整顿破碎的山河，恢复祖国的统一大业。

这首词，是辛弃疾闲居带湖后，最为激昂奋发的一首作品。它既描述了词人"男儿到死心如铁"的雄心壮志，也抒发了英雄被时局所困，报国无门的悲愤和寂寞。

5. 南宋双子

　　陈亮努力促成辛弃疾与朱熹两大人杰相聚，却没有成功。在陈亮心里，辛弃疾和朱熹都是非同一般的人。他称朱熹是"以听上帝之正令"①的"人中之龙"②，而辛弃疾则是"足以荷载四国之重"的"一世之豪"③。

　　实际上，辛弃疾和朱熹的交往在他闲退上饶前就开始了，两人也算是老相识。当初，辛弃疾在湖南组建飞虎军所表现出的才干，在江西救荒时的雷厉风行，都曾让朱熹刮目相看。另外，两人在公务上还发生过一段小插曲。

　　淳熙八年春天，辛弃疾在江西安抚使任上，用商船贩运牛皮，牛皮是当时朝廷明令禁止买卖的军用物资，商船经过九江时，被时任知南康军的朱熹截获。听到消息后，辛

---

① 《龙川文集》卷十《朱晦庵画像赞》。
② 同上卷十九《与林和叔侍郎书》。
③ 同上卷十《辛稼轩画像赞》。

弃疾及时去信疏通解释，说是军中收买。朱熹虽然颇感无奈，最终还是放行了。不过这段尴尬的插曲没有影响后续两人的继续来往。

辛弃疾在带湖的新居落成后，朱熹还曾绕道上饶，前往观看，叹为观止。淳熙九年（1182年），辛弃疾闲居带湖。九月间，朱熹辞去浙东茶盐公事的职务，回家的时候经过上饶来拜访韩元吉。第二天，韩元吉约了当地的诗人徐衡仲一道陪朱熹游南岩一滴泉。辛弃疾听说消息后，载酒具肴，欣然前往，四人相聚南岩，诗词唱酬，把酒言欢，气氛好不融洽。这次相聚，朱熹对辛弃疾有了新的认识，关系也逐渐亲密起来。

辛弃疾被罢官后长期闲退，朱熹为他感到愤愤不平，曾对弟子说："如辛幼安亦是一帅材，但方其纵恣时，更无一人敢道它，略不警策之。及至如今一坐坐了，又更不问著，便如终废。此人作帅，亦有胜它人处，但当明赏罚以用之耳。"①意思是，辛弃疾是个人才，当初他放纵不羁的时候，没有人敢指责他，对他稍加提醒和鞭策；他现在犯了错误被闲置起来，朝廷又不再过问他，就好像永远废弃了一样。可见朱熹对辛弃疾在地方任职时的严峻手段也是有微词的，但不妨碍他承认辛弃疾是个帅才，认为任用他这样的人，应该明确赏罚，而不能一刀切，直接罢黜。

---

① 《朱子语类》卷一百三十二《中兴至今日人物下》。

　　朱熹是个道学家，在道德、小节方面比较重视，而辛弃疾偏偏是个事功第一、不拘小节的英雄豪杰。所以如同与陈亮一样，朱熹与辛弃疾在思想层面上，也是有内在分歧的。他赞赏辛弃疾的才干，但对他严峻冷酷、锋芒毕露的处事方式持保留意见。

　　到了淳熙十五年三月，朱熹以江西提刑入临安奏事，又顺道拜访了辛弃疾。这次交谈，朱熹直言不讳地指出辛弃疾若能够早知"明理克己""向里用心""戒除轻躁"，那么他的事业必将更加"伟俊光明"，岂止是如今这样？①认为辛弃疾若能够遵守儒家的那套仁人爱物、克己复礼，肯定能在仕途上走得更远，也不至于落得今日局面。这也算是担忧友人前途、惋惜其才华难以展露的拳拳之心吧。

　　淳熙后期，孝宗赵昚日益倦政，太上皇宋高宗刚病逝，他便表示出了欲传位太子赵惇的意愿，先让其参与朝廷决策，锻炼他的执政能力。两年后，即淳熙十六年（1189年）二月，孝宗认为太子已经可以独立理政，于是正式禅位赵惇，自己仿效高宗，做起了太上皇。以明年为绍熙元年。赵惇就是宋光宗。

　　朝廷局势的变动影响了辛弃疾，使此时已闲退十年之久的他重新进入朝廷视野。绍熙二年（1191年）年底，辛弃疾忽然

---

① 〔南宋〕朱熹著《晦庵先生朱文公文集》卷六十《答杜叔高》，清同治十二年（1873年）六安涂氏求我斋仿嘉靖壬辰本校刊本。

接到朝廷诏命，委任他为福建提点刑狱。

重获任用的辛弃疾，给朱熹写了一封信。看到好友终于有机会再度为民效力，朱熹十分欣慰，特作《答辛幼安启》一文，称赞辛弃疾"卓荦奇材，疏通远识。经纶事业，有股肱王室之心。游戏文章，亦脍炙士林之口。轺车每出，必著能名。制阃一临，便收显绩"[1]。大意是说，辛弃疾有奇才，见识高远又通晓事理，对国家也忠诚，不经意间写出的文章也脍炙人口。每次出使都能获得能干的名声，每次统领一方军事都会立下显著的功劳。可见，在朱熹的眼里，辛弃疾是个不可多得的文武全才。

然而辛弃疾本人对朝廷的这次重新任命，却没有一般失意文人在偶然得意时的那种春风得意的快感。接到诏令后，他直到第二年春天才去福建赴任。动身前，他还写了一首《浣溪沙·壬子春，赴闽宪，别瓢泉》来描述当时的复杂心情：

细听春山杜宇啼，一声声是送行诗。朝来白鸟背人飞。

对郑子真岩石卧，赴陶元亮菊花期。而今堪诵《北山移》。

---

[1] 《晦庵先生朱文公文集》卷八十五《答辛幼安启》。

　　杜宇就是杜鹃鸟，在诗词中经常借喻离别相思之情。郑子真是西汉人，陶元亮即东晋陶渊明，他们都是历史上声誉卓著的隐者。郑子真隐逸民间，耕于岩石之下，修道静默，权臣王凤曾重金聘他出来做官，而他不为利所诱，不为威所屈，不为其所用，受到世人称赞。陶渊明向往自由，他的《桃花源记》更是被世人所传诵。辛弃疾隐居上饶后，一直把他们视为心中偶像，这次重新出仕，仿佛有悖于初衷，再也无颜去见他们。南朝齐孔稚圭的那篇《北山移文》，嘲讽那些贪图官禄的假隐士。现在，辛弃疾忽然觉得那个假隐士说的就是自己，更是惭愧不已。

　　在带湖闲居，辛弃疾为韩元吉祝寿，曾满怀豪情地说："待他年，整顿乾坤事了，为先生寿。"（《水龙吟·甲辰岁寿韩南涧尚书》）与陈亮的诗词唱和中，更是"我最怜君中宵舞，道男儿到死心如铁。看试手，补天裂"（《贺新郎·同父见和再用韵答之》）。言辞中充满着对功业名禄的渴慕与向往。现在被起用，却非但没有表现出得意，还在诗词中表达对隐居生活的眷恋，似乎有些言不由衷。其实，这些不过是一种谦托之词，是他复杂心情的一种表达，也是对朝廷弃置他长达十年之久的一种愤怒和抗议。况且，闲散惯了的人，确实会产生惰性，又加上屡遭贬谪，对官场险恶和劳碌奔波有种天然的惧怕。

　　朱熹于淳熙十六年诏任福建漳州知州，不久，长子朱塾去世，他伤心欲绝，无心政事，遂辞去官职，迁居建阳。

　　在去福建途中，辛弃疾又经建阳去拜访了朱熹。因朱熹曾在福建漳州为官，他还趁机向朱熹询问闽中情况。此后一段时间内，两人同在福建，多了很多相处的机会，关系也更为亲密。

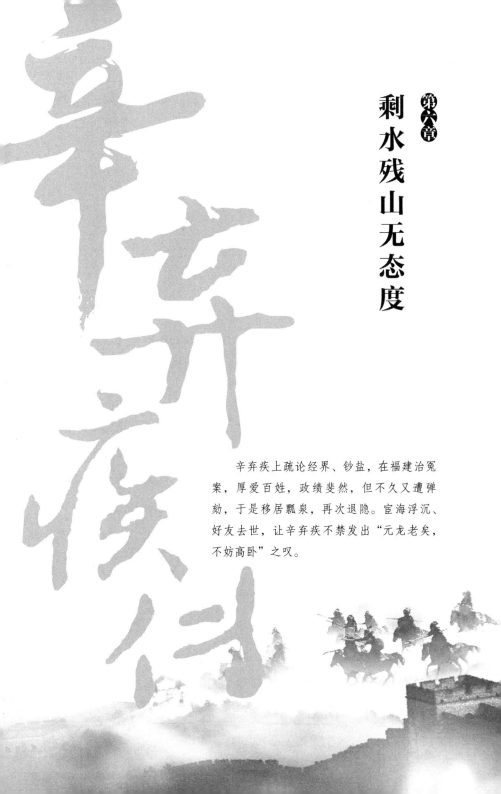

第六章 剩水残山无态度

辛弃疾上疏论经界、钞盐，在福建治冤案，厚爱百姓，政绩斐然，但不久又遭弹劾，于是移居瓢泉，再次退隐。宦海浮沉、好友去世，让辛弃疾不禁发出"元龙老矣，不妨高卧"之叹。

1. 诏任福建

绍熙三年（1192年）春，辛弃疾走马上任。虽然辛弃疾被闲置十年之久，对世事有所不平，但丝毫没有影响他处理政务的能力。一上任，他就到福建各地视察，处理历年来的积案、疑案。

一天，辛弃疾巡察来到汀州（今福建长汀），听说这里有一桩疑案，多年未能侦破，连知州都感到头疼。经过调查后，辛弃疾对知州说："你们这里的官吏我接触过，上杭县令鲍粹然是个明白官，善于解决问题。"知州闻悉，便委派鲍粹然异地审理此案。辛弃疾果然没有看错人，鲍粹然领命后，经过明察暗访，很快使案情真相大白。

长溪县（今福建霞浦）有人鸣冤，辛弃疾派福清县主簿傅大声去复审案情。傅大声到了那里后，经过仔细审理，把牢房里的六十多人释放出五十多个。没想到这个结果捅了马蜂窝。这么多人被翻案，长溪县令感觉脸上无光，他欺负傅大声只是个主簿，地位低下，不仅拖着案子不办，还拒绝招待他。傅大声只得无奈离去。辛弃疾听说后大怒，亲自进行审核，最后全部依照傅大声的审理意见，使拖了很久的冤案得以昭雪。

这件事很快在百姓中传扬开来，南宋大臣楼钥说："比居外台，谳议从厚，闽人户知之。"①意思是，辛弃疾做提点刑狱时，给犯人判罪从宽从厚，这件事在福建家喻户晓。

辛弃疾洗雪冤案，受到老百姓欢迎，却得罪了大批官吏。他临民以宽、驭吏以严，对百姓宽厚，对下属和地方官吏要求却很严格，底下的官吏一有过错他就进行法律追究，搞得那些官员都心惊胆战，生怕遵守教条不到位而被谴责。

当时的福建安抚使叫林枅，也是位耿直廉政的循官，但他与辛弃疾的行政理念不同，对辛弃疾的做法不以为然，二人心怀芥蒂，有些不和。不过，林枅的冷淡并没有影响辛弃疾的工作。绍熙三年九月，林枅去世后，朝廷下旨，安抚使一职由辛弃疾代理。

辛弃疾代任福建安抚使的第一件事情，就是向朝廷上《论经界钞盐札子》。

"靖康之难"后，由于国家战乱，土地兼并严重，很多贫民由于生活艰难，被迫将土地卖给地主豪强。但按照国家登记的档案，农民还要按原有土地数量上交赋税，这就造成了"有

_____

① 《攻媿集》卷三十六《太府卿辛弃疾集英殿修撰知福州》。

税者未必有田，而有田者未必有税"①的不公平现象。穷人生产的粮食不够交税，只会越来越穷，甚至沦落为盗贼，更甚者揭竿而起。朝廷意识到了这个问题，经由李椿年的建议，南宋政府曾重新丈量、统计、登记各户土地，作为新的纳税依据，这种做法，叫作"经界"。

经界之后，税赋方面本不应再有什么问题，但当时福建漳州、泉州、汀州因有贼寇何白旗作乱，经界未能实行，所以这一带问题尤其突出。三地人口因饥饿大批逃亡，国家税收锐减。

在辛弃疾之前，朱熹为福建漳州知州，为解决这些顽疾，就曾与福建提点刑狱陈公亮、运使王回、汀州知州祝櫰等一些有良知的官吏，奏请在汀州实行经界，重新丈量土地，清理田赋。宋光宗绍熙二年，陈公亮和朱熹受命共同在汀州推行经界，但遭到豪强权贵的极力反对，一些大臣也纷纷谏阻。在众多的反对声中，光宗下诏暂停此事。

另外，福建的漳、汀等州是产盐区，宋代在这里实行食盐官输官卖政策，盐税是政府的一大财政来源，百姓必须购买官方售卖的盐。然而官盐价高，而且在运输过程中往往存在徇私舞弊、以次充好的行为，因此百姓拒绝购买，转而购买私盐。汀州地处内地，山路复杂，运输尤其困难，因此运价较其他地

---

① 《历代名臣奏议》卷三百一十九《弭盗》。

区更高，形势更加困难。为了完成任务，本州官吏往往强制摊派，强制购买，使百姓不胜其扰。为抗拒官府，他们潜入山林，群聚为盗。官府也曾试图解决这一问题，发行"盐钞"。

"盐钞"是一种运销食盐的许可凭证，盐商购买盐钞后，便可凭此证去盐场购盐，然后去市场自由销售，这样就能打破官营垄断了。绍兴年间，朝廷曾在福建推行钞盐，但因损害了一些官吏的利益，使他们失去了从中盘剥、获益的机会，最终不了了之。

辛弃疾上任后，立即做了深入考察，发现土地和食盐问题带来的严重后患，竟比他想象的还要严重，思忖良久后，他决定向皇帝上疏，把这里的问题据实反映给朝廷，建议朝廷继续推行经界和钞盐法。

然而辛弃疾上疏没多久，突然接到朝廷诏令，让他限期到临安报到。此时，辛弃疾到福建上任尚不足一年，眼看新年将至，他惴惴不安，不知此行是福是祸。福建籍官员陈端仁原为四川安抚使，后被罢官闲居在家，他设宴为辛弃疾饯行，辛弃疾在宴席上写了一首词，表达了他当时的心情。

　　长恨复长恨，裁作《短歌行》。何人为我楚舞，听我楚狂声？余既滋兰九畹，又树蕙之百亩，秋菊更餐英。门外沧浪水，可以濯吾缨。

　　一杯酒，问何似，身后名？人间万事，毫发常重泰山轻。悲莫悲生离别，乐莫乐新相识，儿女古今情。富贵非吾事，归与白鸥盟。

——《水调歌头·壬子三山被召，陈端仁给事饮饯席上作》

壬子指绍熙三年。三山，地名，今福建福州。这是一首感时抚事的答别之作，开头即"长恨"，可见辛弃疾的感慨之深。人心叵测，官道险恶，自己品德高洁、行为刚正，却常遭人误解诋毁，这是辛弃疾"长恨"的源头。

"毫发常重泰山轻"，人间万事，常常本末倒置，把头发看得比泰山还要重。最后辛弃疾不得不感叹"富贵非吾事，归与白鸥盟"，算了，富贵不是我想追求的，还是回到带湖与白鸥结盟做伴吧。

辛弃疾动辄就表示要重归山林，不仅表达了他对闲居的眷念，也暗示出他对自己的前途没有信心，以及对光宗执政的失望。

2. 宦途多艰

绍熙四年（1193年）正月初，辛弃疾奉诏到达临安，光宗在便殿接见了他。辛弃疾以主战闻名于朝，这次召对，谈话的重点依然是战事。而今的辛弃疾已经五十四岁，早已不是当年的愣头小伙，面对朝廷的这次召见，他沉着冷静，已经没有了当初的激动。

召对时，他向光宗上呈《论荆襄上流为东南重地疏》，论述长江上游军事防御的重要性，他说："自古南北之分，北兵南下，由两淮而绝江，不败则死；由上流而下江，其事必成。故荆襄上流为东南重地，必然之势也。"希望光宗加强长江上游荆襄两地的防务。

辛弃疾这么说，是有历史教训的。三国时，魏文帝曹丕、魏明帝曹叡数次从两淮、合肥进攻东吴，都没有成功。司马昭攻下西蜀后，顺长江而下，最终才占领东南。隋灭陈国，也是在荆襄牵制陈军主力，才趁机从两淮突破进入建康。

后来的历史事实也证明了辛弃疾所说，元军正是占领了襄阳，才进而灭掉了南宋。

在札子的最后，辛弃疾说："愿陛下居安虑危，任贤使能，修车马，备器械，使国家屹然有金汤万里之固，天下幸甚，社稷幸甚。"此时的辛弃疾，虽经十年顿挫，屡遭误解，却初心未改，仍一腔赤诚地惦记着国家的光复大业。

此次召对后，宋光宗将辛弃疾任命为太府卿。这是一个主管国家财货政令的京官，负责国库收纳、商税、市场贸易与平衡、度量衡等。这个任命显然离辛弃疾实现杀敌报国、恢复中原的抱负很远。

但辛弃疾在太府卿位子上也没有坐多久，半年后，他被朝廷再次外派，重返福建任知州兼福建安抚使。与此同时，朝廷奖励他在任福建提刑时办案宽仁公道，广受当地人称赞，将他的官秩提升为朝散大夫，高于过去的奉议郎，职名加集英殿修撰，高于过去的右文殿修撰。

绍熙五年（1194年），辛弃疾上任后，立即着手缉盗。

福建地处滨海，常有海盗出没，对当地民众危害很大。福建又是多山地带，人口稠密，耕地稀少，海盗抢劫完财物就躲进山里，出入无形，很难缉拿。辛弃疾担任福建提点刑狱时，每每叹道："福州前枕大海，为贼之渊，上四郡民顽犷易乱，帅臣空竭，急缓奈何。"①大意是，福州前面是海，为盗贼藏身之

---

① 《宋史·辛弃疾传》。

所，上四郡的百姓顽犷易乱，而帅府空虚，一旦有事，将无可奈何。

为了维护民众的安全和政局稳定，辛弃疾决定效仿在湖南创建飞虎军的做法，在福建编练一支军队。

编练军队需要一大笔资金，辛弃疾想了个办法，他压缩各级日常可有可无的公务开支，尽量节省浮费，然后成立一所"备安库"，把节省下来的余钱都存于备安库中。积少成多，集腋成裘，短短几个月时间，备安库里的存钱就高达五十万贯。五十万贯是多少钱呢？据《宋史·职官志》记载，宋代一个县令的月薪是十五贯，丞相的月薪是三百贯。另据计算，当时五十万贯能买米二十万石，一石相当于现在的六十公斤，五十万贯即可买一千二百万公斤米。

面对这笔钱款，辛弃疾想到的首先是老百姓："闽中土狭民稠，岁俭则籴于广，今幸连稔，宗室及军人入仓请米，出即粜之，候秋贾贱，以备安钱籴二万石，则有备无患矣。"[1]意思是，福建地少人多，遇到灾荒时，就到广东一带丰收的地方买粮。现在连年丰收，若宗室及军人来买米，就把库存的粮食卖给他们，等秋天米价落时，再用备安库里的钱买入二万石，这样就有备无患了。

解决了备荒，辛弃疾又开始着手备战。他决定招募新兵扩

---

[1]　《宋史·辛弃疾传》。

充军队，并计划打造一万副铠甲，锻造武器，严格训练，使之成为像湖南飞虎军那样雄壮的武装力量，既能抵御海盗，也可以抗金。

3.　痛失好友

就在辛弃疾在福建施展他的治国安民之政的时候，突然收到了一个惊天噩耗，他的好友陈亮去世了。

鹅湖一别后，两人虽然相聚甚少，却始终肝胆相照。陈亮满腹经纶，雄心难酬，却命途多舛。绍熙元年（1190年）年底，他又一次被冤入狱。这次是有人在永康县境内杀人。这件事本来跟他没有关系，只是被杀的人叫吕天济，此人曾经侮辱过陈亮的父亲，而真正的杀人凶手吕兴、何念四又做过陈亮的家仆，所以，陈亮就被当作主谋抓了起来。

陈亮入狱后，好巧不巧却遇上了老冤家。在这之前陈亮刚参加了本年春季的科举考试，主考官是兵部侍郎何澹。陈亮年近五十，准备多年，原本对应试信心满满，没想到却被何澹刷了下来。他心里不平，不免说了一些抱怨的话，言语中流露出一些对何澹的不满。这话传到了何澹的耳朵里，何澹便记恨在心。陈亮入狱后，何澹已经转为右谏议大夫，他跟有关方面打了招呼，把陈亮下到大理寺狱，打得体无完肤。

当时辛弃疾闲居带湖，听说了好友的遭遇后，非常着急，便委托好友大理寺少卿郑汝谐帮忙施救。郑汝谐经过调查后，认为陈亮并没有什么罪，在他的极力周旋下，陈亮才化险为夷。

陈亮忧于国事，为国家的复兴尽瘁忧梦，多次向朝廷上疏建言，虽曾得到过孝宗的赏识，但始终未被任用。直到绍熙四年，陈亮再一次参加礼部的进士考试，光宗皇帝看到陈亮试卷上的一段话后，龙颜大悦，将其从第三名擢拔为第一名。陈亮的那段话是这么写的：

> 臣窃叹陛下之于寿皇莅政二十有八年之间，宁有一政一事之不在圣怀？而问安视寝之余，所以察辞而观色，因此而得彼者其端甚众，亦既得其机要而见诸施行矣。岂徒一月四朝而以为京邑之美观也哉！①

宋光宗继位后，和太上皇孝宗的父子关系很紧张，他慑于剽悍的李皇后的威力，并没有像孝宗对待高宗那样嘘寒问暖，因此常被诸贤质疑为不孝。陈亮则不这样看，他说光宗不仅对孝宗很尊敬，而且继承了孝宗勤政爱民的传统，殚精竭虑，真正的孝不是一个月的几次朝拜，而是表现在日常政务的处理中。这种观点让饱受舆论谴责的光宗感到了一丝安慰。

---

① 《宋史·陈亮传》。

　　陈亮及第后，朝廷授予他签书建康府判官厅公事。在困境中挣扎多年的陈亮终于长出了一口恶气，他感到实现自己北伐理想的机会终于到了，在给皇上的谢恩诗中，他踌躇满志地说："复雠自是平生志，勿谓儒臣鬓发苍。"（《及第谢恩和御赐诗韵》）又在《告祖考文》中说："亲不能报，报君勿替。七十年间，大责有归，非毕大事，心实耻之。"从此文中可以看出，陈亮虽已不是盛年，但忠君报国的初心未改，仍以抗击金兵、收复中原为己任。

　　好友得中状元，辛弃疾由衷地感到高兴，特意写了一首词为陈亮壮行：

　　　　醉里挑灯看剑，梦回吹角连营。八百里分麾下炙，五十弦翻塞外声，沙场秋点兵。

　　　　马作的卢飞快，弓如霹雳弦惊。了却君王天下事，赢得生前身后名。可怜白发生！

　　　　　　　　　　——《破阵子·为陈同甫赋壮词以寄之》

　　"八百里"，在这里指牛，《世说新语·汰侈》："王君夫有牛，名八百里驳。""麾下"，部下。"炙"，烤熟的肉。"五十弦"，本指古乐器瑟，此处泛指各种乐器。"翻"，演奏。

　　黑夜，醉意朦胧的词人挑亮油灯，找出闲置已久的宝剑，反反复复地凝视、抚弄。这把剑是他的心爱之物，曾陪他驰骋沙场，杀敌无数。在梦中，他似乎又回到了魂牵梦绕的军营：士兵们大块大块地烤着牛肉，众多的乐器合奏出雄壮苍凉的塞外之歌；秋天的沙场上，词人一身戎装，立于千军万马之前，正在点兵派将，举行出征仪式。

下阕开端写作战的激烈场面。"马作的卢飞快，弓如霹雳弦惊"，"的卢"，骏马名。相传刘备在荆州遇险，所骑的的卢马载着他一跃三丈，越过檀溪，得以脱困。词人的马像的卢马一样跑得飞快。他跨上战马，一边飞驰，一边射箭，弓弦的响声犹如晴天霹雳。壮士出生入死，拼搏沙场，是为了了却君王收复中原、平定天下的大事。

辛弃疾以梦的形式，将自己期盼跃马横戈于疆场的心理表现得淋漓尽致。词人沉醉于对过去的缅怀中，激情万丈，字里行间洋溢着欣慰之情。可是，当他从醉梦中醒来，突然意识到自己已不是当初的横槊少年，情绪又一落千丈，一句"可怜白发生"的浩叹，凝聚了壮志难酬的万千悲愤。

与辛弃疾的"可怜白发生"相反，陈亮说"复雠自是平生志，勿谓儒臣鬓发苍"，面对未来，他是乐观而自信的。可惜天妒英才，刚刚被授予官职的他还没来得及施展自己的抱负，却得了病，不久就病逝了，享年五十二岁。

知交的突然离世，令辛弃疾无比痛心，他写悼词《祭陈同甫文》予以纪念。

在悼词中，辛弃疾盛赞陈亮的才华："同甫之才，落笔千言。俊丽雄伟，珠明玉坚。人方窘步，我则沛然。庄周李白，庸敢先鞭。"形容陈亮一落笔便是千言万语，文思泉涌，挥洒自如。他的文辞俊秀壮丽，如明珠般璀璨，如玉石般坚硬，文采可与庄周、李白比肩。

他称赞陈亮的志向："同甫之志，平盖万夫，横渠少日，慷慨是须。拟将十万，登封狼胥。彼臧马辈，殆其庸奴。"他有领军十万，登狼胥山，显耀国威的气势。一般人在他面前只是臧获之类的平庸之辈。

然而，凭借陈亮之才、之志，却在知天命之年，仍是一介布衣，辛弃疾惋惜陈亮之怀才不遇。紧接着他分析陈亮的性情，"间以才豪，跌宕四出，要其所厌，千人一律。不然少贬，动顾规检，夫人能之，同甫非短"。大意是，他恃才傲物，豪放不羁，厌倦千篇一律、毫无新意的世俗生活，爱好四处游历闯荡。若说收敛个性、遵守礼法，一般人能做到，陈亮难道做不到吗？辛弃疾在这里隐约说明了陈亮为何始终潦倒落魄，未能受到重任。他确信如果陈亮能谦虚一些，注意一下法度约束，那些别人能取得的所谓名利地位，他也一样能取得。陈亮一生不屈节求上，这就是他的可贵之处。

辛弃疾感叹陈亮屡遭陷害，多次入狱，何其不幸！不过他也庆幸，正是这些遭遇，让陈亮的名声传布开来，"盖至是而世未知同甫者，益信其为天下之伟人矣"，到现在即使不了解他的人，也承认他是天下的伟人了。

苦尽甘来，如今陈亮终于获得天子赏识，被天子亲赐第一，正是前途光明、一展才华的时候，却突然离世了。上天是多么吝啬啊！

辛弃疾回忆他与陈亮在鹅湖相聚的情景，知道从今以后，一起休憩在鹅湖的树林荫翳之下，舀清冽的瓢泉而共饮，彼此高声吟诵诗词以表心曲，纵论天下大事……的机会再也不会有了。

陈亮的去世对辛弃疾是一个很大的打击，他"知悲之无益，而涕不能已"，虽然知道悲伤无益，却仍止不住哭泣，无限地怀念这位知己好友。

4. 再遭贬黜

俗话说，福无双至，祸不单行。辛弃疾前脚刚遇到好友陈亮的去世，还在悲痛之中，后脚自己就被人弹劾，再次贬官。这还得从朝廷的一次宫廷政变说起。

光宗赵惇继位，本是宋孝宗赵昚亲自挑选，可他没想到，这个敦厚听话的儿子却找了一个霸道蛮横的皇后。光宗皇后李凤娘是庆远军节度使李道的次女，说起她和光宗皇帝的姻缘，还挺富有戏剧性。

宋朝有个道士叫皇甫坦，是朝廷的红人。据《宋史》记载，有一天，节度使李道找来自己的几个女儿请他看相，当皇甫坦看到其中一女时，大惊道："他日此女将母仪天下。"高宗知道这件事后，便把这个女儿聘为恭王妃（赵惇登基前为恭王），她就是李凤娘。赵惇登基后，李凤娘果然成了皇后。

李皇后欺负光宗懦弱，不仅操控宫中事务，还有极强的嫉妒心。光宗洗脸时，有个端盆的宫女手很白，光宗多看了一眼，李皇后就把那个宫女的两只手给剁了下来。后来，光宗出去祭祀时,黄贵妃跟从,夜宿斋宫,李皇后又在夜里杀了黄贵妃,然后对外谎称黄贵妃是患急病而死的。光宗明知道是皇后下的毒手,却没有勇气质问。祭典上,就在他正心神不定时,突然来了一阵雷雨,把祭坛上所有的蜡烛都浇灭了。在一连串事件的刺激下,光宗崩溃了,他的精神时好时坏,病情严重时,连朝政也不能打理。后来,朝政大权便落到了李后手中。

李后心狠手毒,她挟持光宗干预朝政,却没有吕后和武则天施政的手段和本事,因此朝堂上下怨声载道。

李后的所作所为,太上皇赵昚都看在眼里,他多次宣称要把她废了,因此李后对赵昚恨之入骨。有一次,她去找太上皇,请立赵扩为皇太子。但太上皇赵昚认为,这不是一件小事,应由光宗亲自与他商议。李后听闻发了脾气,太上皇赵昚大怒。自此李后便从中作梗,不断挑拨光宗和太上皇父子间的关系,阻止光宗朝见太上皇。

绍熙五年,太上皇孝宗赵昚临死前想见儿子一面,李后得知后,百般阻挠,最终光宗没有成行。更过分的是,孝宗驾崩后,光宗居然躲在宫里不肯出来主持葬礼。在非常重视孝道的古代,身为天子,做出这种大逆不道的事情,实在是前所未有。

大臣们实在看不下去了,七月,以知枢密院事赵汝愚和知阁门事韩侂胄为首,发动了一场政变,强迫光宗"禅位",让光宗的儿子赵扩当了皇帝，史称"绍熙内禅"。赵扩就是宋宁宗，即位的第二年改元庆元。

朝廷的宫廷政变，和远在福建的辛弃疾本来不应该有什么关系。然而就在宋宁宗即位的当月，便有左司谏黄艾上朝弹劾辛弃疾，说他"残酷贪饕，奸赃狼藉"①。辛弃疾为何突遭弹劾已不可知。大抵新帝即位，黄艾想展示自己，以求进用，而且作为言官，弹劾大臣是他的职责所在。正好辛弃疾行事一向严苛、法不容情，得罪了一些人。回顾上次辛弃疾遭弹劾，罪名也是贪酷。黄艾是福建莆田人，这些人将不满传扬出去，被黄艾听闻亦未可知。

辛弃疾任职福建期间多次与朱熹往来，还曾向朱熹请教治理经验，朱熹赠他三句话："临民以宽，待士以礼，驭吏以严。"②意思是，对百姓要宽厚，对读书人要讲礼节，对下面的官吏要严格。由此我们可以推断辛弃疾在福建对待官吏是严苛的。虽然他对百姓宽厚，任提刑时办案公道，任安抚使时竭力平乱，但这些并不能使他免于中伤。

这次弹劾之下，辛弃疾被免去了知福州和福建安抚使的职位，获得了一个主管建宁府武夷山冲佑观的闲差，他在福建预想实行的各种方案也就戛然而止了。

---

① 《宋会要辑稿》第102册《职官七三》。
② 《朱子语类》卷一百三十二《中兴至今日人物下》。

赵汝愚因协助宁宗登基有功，获升职右丞相。绍熙内禅的另一位有功之臣是韩侂胄，他本想利用这个机会，获取节度使一职，但赵汝愚认为"外戚不可言功"。韩侂胄的母亲是宋高宗皇后吴氏的妹妹，他自己又娶了吴氏的侄女为妻，而他的侄孙女韩氏则是宁宗的皇后。在赵汝愚的阻拦下，韩侂胄只被升了一阶官，授予宜州观察使一职。韩侂胄大失所望，从此对赵汝愚怀恨在心。

赵汝愚是道学的忠实信徒，他掌权后提拔了一批信奉道学的人到朝中任职，还将朱熹召入朝中，任命为焕章阁待制兼侍讲，朱熹由此成了新帝宁宗的老师。

宁宗是个没有主见的皇帝，他登基后，为了掩饰自己的无能，在朝堂上一般不发表意见，也不批阅奏章，而是将大臣的奏章拿到内廷去批示，称为"御笔"。这种非正常的理政方式，为韩侂胄报复赵汝愚提供了机会，他仗着自己朝廷外戚的身份，很快取得了宁宗信任。

为了报复赵汝愚，韩侂胄拉帮结派，他暗中联络了一些对赵汝愚有意见的人，对赵汝愚进行打击。在这种情况下，辛弃疾又被无辜牵连。同年九月，被韩侂胄新提拔的御史中丞谢深甫弹劾辛弃疾"交结时相，敢为贪酷，虽已黜责，未快公论"[1]，大意是，辛弃疾跟当朝的宰相有勾连，所以敢于做贪

---

① 《宋会要辑稿》第102册《职官七三》。

污、严酷的事情，虽已受到责罚，但大家觉得责罚得太轻，应该再加重一些。在上次"贪酷"的罪名前加了一个前提——交结宰相，宰相便指赵汝愚。这次弹劾之后，辛弃疾被连降两级，集英殿修撰这一荣誉职务被直接降为了秘阁修撰。辛弃疾的职位再一次被削，不得不黯然离开福建的工作岗位，退隐归家。

虽然辛弃疾早有归隐之意，但就此挂冠而去，功业未成，又心有不甘。这种欲罢不能的心绪，表现在他的词作中。

举头西北浮云，倚天万里须长剑。人言此地，夜深长见，斗牛光焰。我觉山高，潭空水冷，月明星淡。待燃犀下看，凭栏却怕，风雷怒，鱼龙惨。

峡束苍江对起，过危楼欲飞还敛。元龙老矣，不妨高卧，冰壶凉簟。千古兴亡，百年悲笑，一时登览。问何人又卸，片帆沙岸，系斜阳缆？

——《水龙吟·过南剑双溪楼》

福建南剑州（今福建延平）有一座楼宇叫双溪楼，辛弃疾去职归家的路上，登上此楼，游目骋怀，写了两首词，以上为其中一首。另一首《瑞鹤仙》，虽然风格不同，但表达的思想感情基本一致。

"西北浮云"，毫无疑问，就是被金人占领的祖国北方。"倚天万里须长剑"指的是辛弃疾收复失地的决心和期望。

可万丈豪情之后，他又感叹"元龙老矣，不妨高卧，冰壶凉簟"。这些词句虽然表面看来心灰意冷，实则隐藏着词人深厚的爱国情怀。

5. 移居瓢泉

　　辛弃疾无官一身轻，回到带湖开始他人生的第二次隐居。在带湖住了没多久，他就感到厌倦了。当初他选择在带湖居住，主要是看中了带湖的地理位置，这次被弹劾后，他不免对士大夫有了一种畏忌心理，他想离开这个热闹的地方，安心地过隐居生活。他想到了瓢泉，这年，他再次来到瓢泉，开始在瓢泉加盖房屋，做长期居住的打算。他还写了一首词：

　　　　一水西来，千丈晴虹，十里翠屏。喜草堂经岁，重来杜老；斜川好景，不负渊明。老鹤高飞，一枝投宿，长笑蜗牛戴屋行。平章了，待十分佳处，着个茅亭。

　　　　青山意气峥嵘，似为我归来妩媚生。解频教花鸟，前歌后舞；更催云水，暮送朝迎。酒圣诗豪，可能无势，我乃而今驾驭卿。清溪上，被山灵却笑，白发归耕。

　　　　　　　　　　　　　　——《沁园春·再到期思卜筑》

从词里可以看出，辛弃疾对瓢泉还是比较满意的。在开端，他先描写了瓢泉美景，然后借杜甫经乱之后重回草堂的喜悦，和陶渊明隐居柴桑时对斜川的赞美，来表达自己对瓢泉的钟爱。

青山妩媚，花鸟逢迎。作者以酒圣诗豪自居，以主宰山水自许，表现出他的豪迈。然而，也恰说明了他的无所事事，一腔才情只落得驾驭山水的悲凉。"清溪上，被山灵却笑，白发归耕"，词的结尾，辛弃疾以自嘲的口吻暗示出他被罢官后受挫失意的心情。

瓢泉刚建好不到一年，庆元二年（1196年），带湖的住宅不幸失火，雪楼和稼轩一夜间化为灰烬。朋友们获悉后，纷纷投书慰问，但辛弃疾却表现得异常的从容镇定，他解散了家伎和侍妾，举家搬迁到瓢泉居住。迁居时，又写了一首《浣溪沙》，以作纪念。

新葺茅檐次第成，青山恰对小窗横。去年曾共燕经营。

病怯杯盘甘止酒，老依香火苦翻经。夜来依旧管弦声。

——《浣溪沙·新葺茅檐次第成》

从这首词里可以看出，瓢泉的居所并没有带湖豪华，只

是一些用茅草作屋檐的房子，可辛弃疾非但没有怨尤，还认为
"青山恰对小窗横"，挺别致。他认为自己老了，身体不好，
应该少喝点儿酒，多烧烧香，祭祭神，读读经书，寻求一点儿
精神上的超脱和慰藉。虽然有一些病苦的无奈，但作为豪士的
辛弃疾，不甘沉沦，"夜来依旧管弦声"，仍然和以往一样，征
歌逐舞，过着快乐的生活。

　　虽然已经隐居，但辛弃疾又遭到了两次弹劾。韩侂胄对赵
汝愚的打击愈演愈烈，他先将朱熹赶出了朝廷，不久又向宁宗
进谗言，使赵汝愚罢相。在这种情况下，庆元元年（1195年）
十月，依附韩侂胄的御史中丞何澹弹劾辛弃疾敛财，说他"席
卷福州，为之一空"①，朝廷又削去了辛弃疾秘阁修撰的职名。
到了庆元二年九月，又有人弹劾辛弃疾"赃污恣横，唯嗜杀
戮，累遭白简，恬不少悛"②，于是辛弃疾最后一个空名主管建
宁府武夷山冲佑观也被罢免了。至此，辛弃疾所有的头衔都被
削得干干净净。

　　将赵汝愚、朱熹赶出朝廷后，韩侂胄仍不放心，他担心理
学影响太大，怕他们以道德的名义品评公卿，裁量执政，进而
危及自己的统治，于是又掀起党禁，说"道学"是伪学，信奉
道学的人是"逆党"，并制造了一份五十九人的花名册，称为

---

① 《宋会要辑稿》第102册《职官七三》。
② 同上。

"伪学逆党"人士，赵汝愚、朱熹、周必大等一些老臣均被列于其中。庆元四年（1198年），宋宁宗正式下诏禁伪学，凡道学人士，非但不能参加科考，连做官也受到限制。这就是历史上有名的"庆元党禁"。

庆元六年（1200年）三月，远在福建的朱熹在血雨腥风的党禁运动中病逝。在瓢泉闲居的辛弃疾听到消息后，惊悼不已，写词纪念。

> 案上数编书，非庄即老。会说忘言始知道；万言千句，不自能忘堪笑。今朝梅雨霁，青天好。
>
> 一壑一丘，轻衫短帽。白发多时故人少。子云何在？应有《玄经》遗草。江河流日夜，何时了！
>
> ——《感皇恩·读庄子，闻朱晦庵即世》

"子云"是西汉著名学者扬雄，《玄经》就是《太玄经》，是扬雄模仿《周易》写的一本书。这几句的意思是，年纪越大，故交越少，先生已逝，无论在何处，都会留下像扬雄《太玄经》那样的不朽经典，就像江河日夜奔流一样，永不停息。

朱熹比辛弃疾年长十岁，他们虽然性格相异，思想也不同，但并不影响他们的交往。回望他们在福建时，不仅经常通信，还多次会面，一起畅游武夷山，诗歌相酬，多么快慰。"山中有客帝王师，日日吟诗坐钓矶。费尽烟霞供不足，几时西伯载将归？"（《游武夷·作棹歌呈晦翁十首·其九》）在辛弃疾的心目中，朱熹如同稳坐钓台的姜子牙，总有一天能够走出隐居的大山，到临安给皇上当老师。没想到做帝王师并没有给他带来好运，反倒成了他人生的悲剧。

朱熹下葬时，在朝中权势如日中天的韩侂胄下达命令，禁止道学信徒去武夷山为朱熹送葬，因此朱熹的许多门人都不敢去吊唁。但辛弃疾不管这些，他不仅亲自到武夷山哭祭，还写了一篇祭文。祭文的全文现在已经找不到了，传下来的只有几句："所不朽者，垂万世名。孰谓公死，凛凛犹生！"[1]这个评价，是辛弃疾对朱熹一生的赞叹，也是他们之间友谊的见证。

在瓢泉隐居期间，辛弃疾的思想观念发生了一些改变，"新愁次第相抛舍，要伴春归天尽头"（《鹧鸪天·莫殢春光花下游》），他决定把一切不如意都放下，学习陶渊明，游山逛水、饮酒赋诗，真正过那种闲云野鹤般的隐居生活。这一时期，他写下了很多脍炙人口的词作，有很多描写瓢泉风光和世俗民情的诗词作品传世。

　　父老争言雨水匀，眉头不似去年颦。殷勤谢却甑中尘。

　　啼鸟有时能劝客，小桃无赖已撩人。梨花也作白

---

① 《宋史·辛弃疾传》。

头新。

——《浣溪沙·父老争言雨水匀》

这一年的雨水特别均匀，父老乡亲都争着把这个好消息告诉他，说未来一定是个好年成。看到乡亲们眉头舒展，辛弃疾也心情大好。树上的鸟儿欢快地叫着，好似在热情地挽留他在这里做客。小桃挂在枝头，如同无赖般，撩拨得人馋涎欲滴。梨花更可爱，那一树洁白的花朵，好像给梨树新添了一头白发。

在瓢泉，辛弃疾把自己融入山水间，仿佛真的忘记了一切苦恼，如他在《玉楼春·戏赋云山》里所表达的就是一种简单纯粹的快乐。

何人半夜推山去？四面浮云猜是汝。常时相对两三峰，走遍溪头无觅处。

西风瞥起云横度，忽见东南天一柱。老僧拍手笑相夸，且喜青山依旧住。

是何人半夜把山推走了？抬头看四面皆是浮云，一定是浮云干的！平时常见的两三座山峰，走遍溪头怎么也寻不见。这时，一阵西风突起，浮云飘动，擎天高山忽隐忽现，又出现在东南方向。老僧喜不自禁，拍手笑夸，原来青山还在这里！

这首词虽然题为"戏赋云山"，实际是词人借助自然界客观景物的顷刻变化来抒发自己快乐的心情。这首小词的格调明快疏朗，清新活泼，反映了辛弃疾落职闲居期间积极乐观的一面。

远离政坛后，辛弃疾就像一个脱离了凡俗的赤子，尽情地歌唱自然。他的词作有时超脱活泼，"凿个池儿，唤个月儿来"（《南歌子·新开池戏作》），有时豪放，"更从今日醉，三万六千场"（《临江仙·戏为期思詹老寿》）。

有客人来访，在辛弃疾面前慷慨激昂地大谈功名事业，也会引起辛弃疾对少年时代生活的一些追忆和感慨。

　　壮岁旌旗拥万夫，锦襜突骑渡江初。燕兵夜娖银胡䩮，汉箭朝飞金仆姑。
　　追往事，叹今吾，春风不染白髭须。却将万字平戎策，换得东家种树书。
　　——《鹧鸪天·有客慨然谈功名，因追念少年时事，戏作》

年少时的英雄壮举，是辛弃疾一生最雄壮，也是最难忘的一幕。他追古念今，感叹年华易逝，春风可以把草木变绿，却无法把他的白胡须变黑。然而，更令他难以释怀的，还是报国无门、壮志难酬的苦闷。"却将万字平戎策，换得东家种树书",上万字的平戎策毫无用处,倒不如向人换来种树书来得实用,这看似轻松平淡的自嘲,实则是一种黯然而无奈的情绪的抒发。

在瓢泉的生活,表面看来,辛弃疾淡泊冷静,放浪林泉,不关心世事,实则并非如此。收复失地的志向,他始终未忘,如同胸中的烈火,只需要一个引子,便会熊熊燃烧。无奈闲居一隅,纵使辛弃疾有万千感慨,也只能把那些激愤诉诸笔端,以诗词为陶写之具,抒爱国忧民之情。

不过长期的隐居,尤其是随着年龄渐衰,辛弃疾多少感到了一些孤寂与落寞。

> 甚矣吾衰矣。怅平生交游零落,只今余几!白发空垂三千丈,一笑人间万事。问何物能令公喜?我见青山多妩媚,料青山见我应如是。情与貌,略相似。
>
> 一尊搔首东窗里。想渊明《停云》诗就,此时风味。江左沉酣求名者,岂识浊醪妙理。回首叫云飞风起。不恨古人吾不见,恨古人不见吾狂耳。知我者,二三子。
>
> ——《贺新郎·甚矣吾衰矣》

这首词还有一段长长的序,交代了创作缘由:

> 邑中园亭，仆皆为赋此词。一日，独坐停云，水
> 声山色，竞来相娱。意溪山欲援例者，遂作数语，庶
> 几仿佛渊明思亲友之意云。

正如此词自注所述，辛弃疾的这首词乃是仿陶渊明《停云》"思亲友"之意而作，抒写了作者罢职闲居时的寂寞与苦闷的心情。

考证此词写于嘉泰元年（1201年）春，辛弃疾当时已六十二岁，并不年轻了，二度退隐已是七年之久。"甚矣吾衰矣"是身处逆境而发的感叹。回首平生，曾经交往的朋友七零八落，所剩无几。如今能够令词人欢喜的事物，已很难找到了，所以他只好寄情于山水，于是有了下面的"我见青山多妩媚，料青山见我应如是"。

"一尊搔首东窗里。想渊明《停云》诗就，此时风味"，当年的陶渊明，在新醪酿成的时候，思良朋而不可得，在东轩之下，搔首延伫，辛弃疾觉得他此时的心情与当年的陶渊明一样。"江左沉酣求名者，岂识浊醪妙理。"魏晋时期，人多以纵酒为清高，于是一些人便把醉酒作为一种求名之道。苏东坡《和陶饮酒二十首·其三》便说："江左风流人，醉中亦求名。"辛弃疾借用此句，说这些以醉酒求名的人哪里真懂酒的妙理。他回首大叫，直引得云飞动，风大起。虽然这只是词人的夸张手法，但也表露了他内心激荡的愤懑。"不恨古人吾

不见，恨古人不见吾狂耳。知我者，二三子"是对知交零落的感叹。南朝张融曾言："不恨我不见古人，所恨古人又不见我。"①辛弃疾套用前人成句，宣泄自己积郁已久的情绪：没有见到古人，我并不遗憾，遗憾的是古人没有见到我的狂态。

---

① 〔唐〕李延寿撰《南史》卷三十二列传第二十二《张融传》，中华书局，1975，第835页。

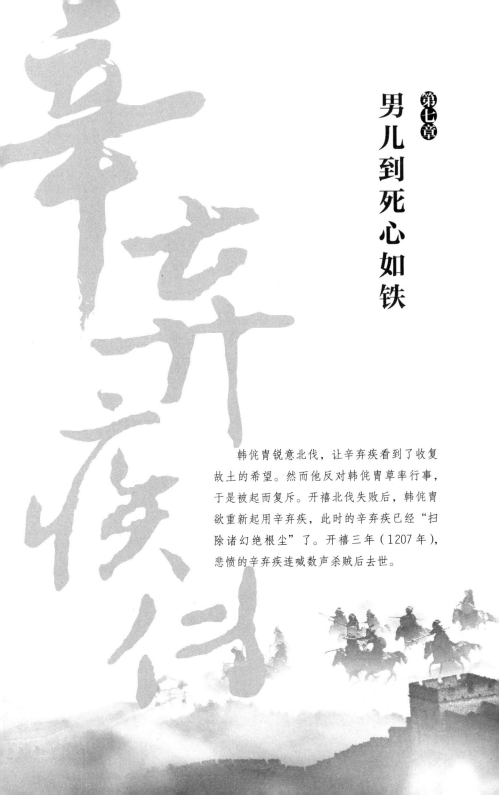

第七章 男儿到死心如铁

韩侂胄锐意北伐，让辛弃疾看到了收复故土的希望。然而他反对韩侂胄草率行事，于是被起而复斥。开禧北伐失败后，韩侂胄欲重新起用辛弃疾，此时的辛弃疾已经"扫除诸幻绝根尘"了。开禧三年（1207年），悲愤的辛弃疾连喊数声杀贼后去世。

1. 再度复出

宋宁宗嘉泰三年（1203年）夏天，辛弃疾突然接到朝廷新任命，起用他担任绍兴知府兼两浙东路安抚使。这一年，辛弃疾六十四岁，这是他南归后第三次出仕，也是被贬后的第二次复出。

关于这件事，《宋史纪事本末》记载说："侂胄欲以势利蛊士大夫之心，薛叔似、辛弃疾、陈谦等皆起废显用。"[①]意思是，韩侂胄想利用权势和利益来蛊惑和利用南宋的士大夫，故起用了一批人。

反观被起用的这些人，大都是"庆元党禁"期间被罢黜的文臣武将，有的是道学中人，有的跟道学家有密切的关系。"庆元党禁"正是韩侂胄发起的，他为什么要这样做呢？

原来，庆元六年后，朝中的政治环境发生了一些改变，令

---

① 〔明〕冯琦原编、陈邦瞻增辑《宋史纪事本末》卷二十二《韩侂胄专政》，《钦定四库全书》影印本。

韩侂胄感到了一些危机。

韩侂胄上位，主要靠的是与赵宋皇室之间的外戚关系。庆元年间，韩侂胄的姨母吴皇后、侄孙女韩皇后相继去世，后宫缺少了对他强有力的支持。尤其令他恐慌的是，他跟宁宗的新皇后杨氏有了矛盾。原来，韩氏去世后，宁宗要立新皇后，当时他宠爱的妃子有两个，一个姓杨，一个姓曹。在选择谁来做皇后时，宁宗曾征求韩侂胄的意见。韩侂胄认为杨氏太工于心计，不好对付，怕她当了皇后会影响自己的地位，于是就极力向宁宗推荐曹氏。可是后来，有心计的杨氏却成功上位了。后宫不但没了支持，还多了一股反对他的力量，韩侂胄心里不由得有些发虚。

除此之外，韩侂胄也担心道学势力在南宋根深蒂固，人数众多，有一天这些人真的起来造反，影响他的仕途。于是，嘉泰二年（1202年），他向宁宗提议，放松对道学的禁令，并且决定起用辛弃疾等一批跟道学家关系密切的人物。

自二次罢官后，辛弃疾对官场已心灰意冷，无意复出，瓢泉隐居期间，他曾在词中写道："无心出岫，白云一片孤飞"（《新荷叶·再题傅岩叟悠然阁》），"吾有志，在丘壑"（《贺新郎·韩仲止判院山中见访，席上用前韵》）。可朝廷下旨后，他还是接受了任命。朱熹有个学生叫黄榦，他在写给辛弃疾的一封信中描述了辛弃疾的这一行为：

> 明公以果毅之资、刚大之气，真一世之雄也，而抑遏摧伏，不使得以尽其才。一旦有警，拔起于山谷之间，而委之以方面之寄。明公不以久闲为念，不以家事为怀，单车就道，风采凛然，已足以折冲于千里之外。[①]

"明公"是旧时对有名望者的尊称。这段话的大意是称赞辛弃疾果敢坚毅，有浩然正气，是真正的一世之雄，却屡遭遏制挫折，而未能尽展其才。国家一旦有需要，就将他从山野中起用提拔，并委之以一方大任。而辛弃疾从不计较长期被投闲置散的个人恩怨，也不为家事牵绊，轻车简从，毅然赴任。他那严肃而令人敬畏的风采，已足以制敌取胜于千里之外了。

嘉泰三年六月十一日，辛弃疾到绍兴赴任。跟以往一样，每到一地，他首先关注的就是当地的民生。经过调查，他发现浙东的贪官污吏和土豪劣绅"因缘为奸"，鱼肉百姓，便向朝廷上了一道奏章，论述"州县害农之甚者六事"，这六件事都是当地民众反映强烈，迫切需要解决的问题，其中谈道：

> 输纳岁计有余，又为折变，高估趣纳，其一也。

---

① 〔南宋〕黄榦撰《勉斋集》卷四《与辛稼轩侍郎书》，《钦定四库全书》影印本。

往时有大吏，为郡四年，多取斗面米六十万斛及钱百余万缗，别贮之仓库，以欺朝廷曰"用此钱籴此米"，还盗其钱而去。愿明诏内外台察劾无赦。①

"折变"就是把农民应交纳的谷物折合成钱帛收缴，折合价格时，故意把谷物的价格定得很高，变相多收赋税，譬如时价每斗五十文，却硬要农户交纳一百文之类。辛弃疾举例说，有位官员，做郡守四年，向民众多收取"斗面米"六十万斛、钱百万余贯，并私藏他处，然后对外谎称，这六十万斛粮食是用一百多万贯钱购买的。他把粮食交到官仓，钱却装进了自己腰包。最后，辛弃疾希望通令中央和地监察机构"察劾无赦"。这道奏章，很快得到了皇帝的认可并下令实施。

绍兴府古名越州，是会稽之地，有很多的风景名胜。辛弃疾非常喜欢这个人杰地灵、物产丰饶的地方。一有闲暇，他就去寻访、瞻仰古圣贤留下的遗迹。

受先贤的启示，辛弃疾决定给这座城市留下点什么。他像当初治滁时建造奠枕楼一样，在绍兴城内，修建了一座秋风亭，供登临望远之用。有一天，他去秋风亭上观景，心有感触，写了一首词：

① 〔南宋〕马端临撰《文献通考》卷五《田赋考五》，《钦定四库全书》影印本。

亭上秋风，记去年袅袅，曾到吾庐。山河举目虽异，风景非殊。功成者去，觉团扇、便与人疏。吹不断，斜阳依旧，茫茫禹迹都无。

千古茂陵词在，甚风流章句，解拟相如。只今木落江冷，眇眇愁余。故人书报，莫因循、忘却莼鲈。谁念我，新凉灯火，一编《太史公书》。

——《汉宫春·会稽秋风亭怀古》

辛弃疾登上秋风亭，举目观望，感慨这里的山河虽和家里的不一样，但人物风情却很相似。功成的人走了，秋天气候变冷，团扇也被人抛弃了。斜阳与过去一样，秋风是吹不断的；野外一片茫茫，古代治水英雄大禹的功绩和遗迹一点儿也没有了。汉武帝的《秋风辞》还在，其章句可以与司马相如的辞赋媲美。然而，这又有什么用呢？草木摇落，江山易冷，想起祖国的恢复大业，让人顿生愁绪。朋友来信，告诉辛弃疾现在正是吃莼羹鲈鱼的时候，催他赶快回去。他并没有回答朋友的话，只是在篇末感叹：有谁会想到我，在这个清凉的秋夜，独对孤灯，正在研读太史公写的《史记》呢？

在这首词中，辛弃疾运用典故描绘秋天景象，虽然词句有些悲凉，但通过篇末与友人的对答，也表达了他老骥伏枥，关心政治，并希望有所作为的思想感情。

2. 初识放翁

治浙期间，值得一提的，还有辛弃疾与大诗人陆游的一段交往。

陆游，字务观，号放翁，越州山阴（今浙江绍兴）人，他生于北宋宣和七年（1125年），适逢北宋即将灭亡之际，平生际遇比辛弃疾还要坎坷。

陆游出生于名门望族，从小深受家庭爱国思想熏陶，但由于生不逢时，一心报国的他仕途并不顺畅。绍兴二十三年（1153年），陆游赴临安参加进士考试，因名列第一，超过了秦桧的孙子秦埙，而遭到秦桧嫉恨，致使仕途受阻。绍兴二十五年，秦桧病逝后，陆游才得以翻身，担任福州宁德县主簿。

陆游与辛弃疾一样，不堪金人欺辱，对祖国的恢复大业念念不忘。隆兴北伐时，他上疏张浚，建议张浚谨慎规划战胜金国的计谋，做长远打算。乾道八年三月，陆游到陕西南郑王炎军中担任幕僚。能够亲临抗金前线，让他大为兴奋，他多次到战略要地巡逻考察，还写了一百多首诗。北宋名臣范仲淹曾抱怨军旅生活艰苦："将军白发征夫泪"（《渔家傲·秋思》），而陆游却以此为乐，"投笔书生古来有，从军乐事世间无"（《独酌有怀南郑》），认为当兵打仗是很快乐的事。这段军旅生活是陆游一生中唯一的一次亲临抗金前线、力图实现爱国之志的军事实践，虽然只有八个月，却给他留下了终生难忘的记忆。

陆游一生著作颇丰，是历史上有名的高产诗人。孝宗也很喜欢读他的诗，起用他担任严州（今浙江杭州建德市）知州时，还勉励他说："严陵山水胜处，职事之暇，可以赋咏自适。"[①]陆游最喜欢的诗人是苏轼，处处以他为榜样，朱熹曾评价他"放翁老笔尤健，在今当推为第一流"[②]。

陆游也善于写词，而且词风与辛弃疾相近。如辛弃疾有"醉里挑灯看剑，梦回吹角连营"，陆游有"夜阑卧听风吹雨，铁马冰河入梦来"（《十一月四日风雨大作二首·其二》）。两人的作品都有一股豪迈、悲怆之气，饱含爱国情怀，为中原沦陷于金国而沉痛、伤怀，希望宋廷能够北伐金国，收复失地。而且同辛弃疾一样，陆游为人性情耿直，因屡犯颜直谏，得罪圣上，多次遭到贬谪。

---

① 〔元〕脱脱等撰《宋史》卷三百九十五列传第一百五十四《陆游传》，中华书局，1977，第12057—12059页。
② 《晦庵先生朱文公文集》卷六十四《答巩仲至》。

光宗绍熙元年，陆游担任礼部郎中兼实录院检讨官期间，再次上疏，建议宋光宗继承孝宗的志向，继续北伐。这引起了一些大臣的不满，他们认为他是在滋生事端。最终，朝廷以"嘲咏风月"为由，将其削职罢官。

陆游悲愤不已，回到老家后，干脆将自己的府宅取名"风月轩"。此后，他长期隐居，直到十二年后的嘉泰二年，韩侂胄当政，同样出于拉拢结纳的目的，召陆游入行在编修国史。

虽然陆游曾经不齿韩侂胄的为人，但当听说他准备北伐时，还是相当激动，转而对韩侂胄大加赞扬和支持，还应韩侂胄之请，为其别墅南园和府邸阅古堂作记题诗，勉励韩侂胄抗击外侮，为国立功。

可韩侂胄只是想利用陆游的诗名为自己歌功颂德，并没有真的打算对其委以重任，国史修撰完成后，便把他闲置起来。嘉泰三年四月，陆游提出辞职，并于同年五月十四日离开临安，又回了老家绍兴山阴。

陆游居住在绍兴府的鉴湖旁边。"吾庐烟树间，正占湖一曲。远山何所似？鬟鬓千髻绿。"（《春晚怀故山》）从他的诗里，我们可以看出，陆游的家湖光山色，风景秀丽。

辛弃疾早就仰慕陆游这位同他一样有恢复中原之志的抗战派诗人了，早就盼望有朝一日能相见，现在同在绍兴，终于有了相见的机会。这天，辛弃疾只身来访，他站在风月轩前，轻轻叩响门扉。门轻轻打开，陆游看到门口站的竟是辛稼轩，又意外又惊喜，连忙请到屋内，让座备茶。

辛弃疾和陆游同为文坛巨匠，虽是第一次相见，却毫无生疏之感。他们不仅秉性相同，词风也相近，且都有短暂的军旅生涯和坚定不移的收复失地的壮志，又都曾入朝为官，有被排挤罢官、长期投闲置散的悲惨遭遇。这次相见，二人可谓惺惺相惜，感慨万千。他们坐在陆游的书屋老学庵里，畅叙心怀，有说不完的话题。一直到天黑，辛弃疾才依依不舍地告辞。

临走时，辛弃疾见风月轩屋舍破旧，屋内藏书又多，显得特别拥挤，便主动提出为他修葺房舍，但被安贫乐道的陆游婉言谢绝。后来，陆游还把这件事写进了诗里："幸有湖边旧草堂，敢烦地主筑林塘"（《草堂》），并有自注："辛幼安每欲为筑舍，予辞之，遂止。"

嘉泰三年年底，朝廷忽又降旨，召辛弃疾赴临安议事。

原来本年韩侂胄被任命为太师，执掌了南宋的军国大权。韩侂胄知道朝中暗流涌动，有一股反对他的势力始终存在，他需要用一场战争来证明自己的能力，从而巩固自己的统治。当时北方蒙古崛起，不断骚扰金国，金国对蒙古连年用兵，国力大为削弱，韩侂胄于是下决心发动北伐。辛弃疾就是在这样的背景下获征召的。

辛弃疾这次被召，他有一种预感，一定与时局有关，确切地说，与北伐有关。虽然辛弃疾对韩侂胄素无好感，但就北伐这件事，他还是支持韩侂胄的。

临行前，辛弃疾去向陆游告别，陆游写了一首长诗《送辛幼安殿撰造朝》赠别，其中有句"大材小用古所叹，管仲萧何实流亚"。陆游一见辛弃疾，就知道他是有大本事的人，他深为辛弃疾大材小用的遭遇打抱不平，认为其卓越的才能可以和名相管仲、萧何相媲美。他知道辛弃疾与他一样，也是个耿直的人，担心他受到陷害，诗中叮嘱道："古来立事戒轻发，往往谗夫出乘鳞。"自古以来成大业者都须谨慎行事，万不可轻率大意，以免被奸佞小人钻了空子。这话显然是有针对性的。诗的最后，他希望辛弃疾："深仇积愤在逆胡，不用追思灞亭夜。"

"灞亭夜"是汉代名将李广的一个典故。灞陵亦作霸陵，在今陕西省西安市东。李广出雁门关攻打匈奴，因寡不敌众吃了败仗，被撤掉将军职务回了老家。一天夜里，李广和一个随从出去喝酒，回来路过霸陵亭时，被守门的霸陵尉拦住不让通过。当时朝廷有宵禁的规定，禁止一般人员及车辆夜间通行。李广的随从让通融一下，就对霸陵尉说："这是前任的李将军。"霸陵尉说："就是现任将军也不行。"无奈，李广和他的随从只好在霸陵亭下睡了一宿，并将这件事视为奇耻大辱。不久，匈奴又入侵，皇上让李广再次出征杀敌。李广上奏，这次出征要带上在霸陵亭守门的霸陵尉。皇上当然同意。结果霸陵尉一到军中，李广就把他杀了。

辛弃疾被朝廷搁置多年，与韩侂胄政治上又有过恩怨。陆游深知此事，他希望辛弃疾从国家大计出发，不计前嫌，跟韩侂胄好好合作，倾力北伐。

3. 备战镇江

嘉泰四年（1204年）正月，辛弃疾在临安觐见宋宁宗。当宋宁宗问他能否对金开战时，他说："金必乱必亡，愿付之元老大臣，务为仓猝可以应变之计。"①意思是，金国内忧外患，将来一定会灭亡，希望陛下把这件事交给元老大臣来做，遇到紧急事件时，可以随机应变。

这句话有个关键词"元老大臣"。《朝野类要》卷二对"元老"的解释是"国之老旧名臣"。嘉泰四年，辛弃疾已经六十五岁了，他经历了高宗、孝宗、光宗、宁宗四朝，这次慷慨赴任，就是为了实现北伐收复失地的理想，所以他口中的"元老大臣"，应该有毛遂自荐之意，只是不好意思明说而已。

据史书记载，辛弃疾说完此番话后，韩侂胄的反应是大

---

① 〔南宋〕李心传撰《建炎以来朝野杂记》乙集卷十八《边防》，《钦定四库全书》影印本。

喜。但他或许只注意了那句话的前半段"夷狄必乱必亡",并没有在"元老大臣"上多做探究,也或许是故意选择性忽视。总之,这次召对后,韩侂胄便说服了宋宁宗,使朝廷下定决心同意由他来主导和指挥北伐。

韩侂胄北伐是为了树立自己的威望,并不希望有人抢他的功劳。所以,朝廷召对后,韩侂胄并没有把辛弃疾留在军中,也没有留在朝中做军事上的顾问或者参谋,而是把他支到一边。奏对后,辛弃疾获封宝谟待制、提举佑神观,奉朝请,没有实际职务。到了三月,辛弃疾被派出临安,到镇江去担任知府。

镇江又名京口,位于建康下游,是兵家必争之地,位置也很重要。虽然辛弃疾没有在京口任过职,但在这里住过一阵子,是故地。所以,辛弃疾不愿放弃这个一生唯一一次参与北伐的机会,还是欣然上任。

到镇江赴任后,辛弃疾便开始着手为北伐做准备工作。据南宋人程珌在《丙子轮对札子》中回忆说:

甲子之夏,辛弃疾尝为臣言:"中国之兵不战自溃者,盖自李显忠符离之役始。百年以来,父以诏子,子以授孙,虽尽儚之,不为衰止。惟当以禁旅列屯江上,以壮国威。至若渡淮迎敌,左右应援,则非沿边土丁断不可用。目今镇江所造红衲万领,且欲先招万人，正为是也。益沿边之人，幼则走马臂弓，长则骑河为盗，其视敌人素所狃易。若夫通、泰、真、扬、舒、蕲、濡须之人，则手便犁锄，胆惊钲鼓，与吴人一耳，其可例以为边丁哉？招之得其地矣，又当各分其屯，无杂官军。盖一与之杂，则日渐月染，尽成弃甲之人。不幸有警，则彼此相持，莫肯先进，一有微功，则彼此交夺，反戈自戕，岂暇向敌哉？虽然，既知屯之不可不分矣，又当知军势之不可不壮也。淮之东西，分为二屯，每屯必得二万人，乃能成军。淮东则于山阳，淮西则于安丰，择依山或阻水之地而为之屯，令其老幼悉归其中，使无反顾之虑。然后新其将帅，严其教阅，使势合而气震，固将有不战而自屈者。"①

"甲子之夏"即嘉泰四年的夏天。这段话的大意是，自符离之溃后，南宋兵士对金兵产生了畏惧心理，战斗力很弱。辛弃疾认为，北伐之战，只能将他们屯在长江之上虚张声势，真正与敌作战，还需再创建一支新军。为此，他准备了一万套军服，并计划先招募一万名士兵。在士兵的招募上，辛弃疾也有

---

① 〔南宋〕程珌撰《洺水集》卷二《丙子轮对札子》，《钦定四库全书》影印本。

自己的见解。他认为内地的人只会耕田种地，已经习惯了安居乐业的生活，一听到钲鼓声就胆战心惊，更不用说上阵作战，与敌刀枪相向了。所以，他主张从宋金边境招募新兵，因为那里的人"幼则走马臂弓，长则骑河为盗"，民风剽悍，作战勇敢。辛弃疾还认为，新军建立后，要将他们与原来的官兵分开驻扎，以免染上怯敌、争功等部队中的恶习。此外，辛弃疾还建议将北伐部队分成两部分，每部分两万人，分别驻扎在淮东、淮西合适的位置。同时，他们的家属也要随军安置妥当，以便让官兵作战时没有后顾之忧。然后，要给部队配上新的将帅，进行严格的训练，使他们在互相配合中形成雄壮的军势，从而对敌人产生巨大的威慑力。

为了做到知己知彼，辛弃疾还花重金派间谍深入敌方，刺探军情。他认为间谍是军队的耳目，战胜与否、国家安危，都系于间谍，而朝廷却不肯花大价钱收买间谍，这种做法是不可取的。有一天，辛弃疾拿出一张一平方尺大小的锦图让程珌看，上面标有金国的兵马数量和驻扎地点，连将帅姓名都标记得清清楚楚。看到这么高机密的军事情报，程珌非常吃惊。辛弃疾说："此已废四千缗矣。"①在古时，一缗等于一千文铜钱，四千缗就是四千文铜钱，可以用来买米粮一万多石。因为辛弃疾舍得花经费，所以他得到的情报既准确又详尽。他派出

---

① 《洺水集》卷二《丙子轮对札子》。

的间谍一直侦探到幽燕、中山，为防止间谍偷懒、谎报，他还派遣多路侦探，相互验证，以确保情报的真实性。

在镇江，辛弃疾还读到了绍兴三十一年完颜亮南侵，宋高宗准备御驾亲征时，差臣下拟定的亲征诏书草稿。读到这封诏书，想起宋朝几十年来的屈辱，辛弃疾忧愤难平，他在这封亲征诏书草稿上题跋说："使此诏出于绍兴之前，可以无事仇之大耻。使此诏行于隆兴之后，可以卒不世之大功。今此诏与仇敌俱存也，悲夫！"①意思是，假如这封诏书能在绍兴和议之前发布，就不会有后来的奇耻大辱。假如隆兴和议后，孝宗能按此诏去行动，也可以立下不世之功。可是现在，这封诏书却与仇敌并存于世，真是可悲啊！

辛弃疾的忧愤还体现在这一时期的诗词中。

镇江有座北固山，横枕大江，山势险要。山上有亭，称北固亭，又叫北固楼。登亭远眺，不仅江水浩渺，而且依稀可见江北风景。南渡之初，辛弃疾在京口居住时，就经常来此地登亭怀远。这天，他又登上北固亭，想到北伐在即，被侵占的中原河山马上就可以回归祖国，不由得心潮澎湃，提笔写下一首《南乡子》：

何处望神州？满眼风光北固楼。千古兴亡多少

———————
① 《宋史·辛弃疾传》。

事？悠悠，不尽长江滚滚流。

年少万兜鍪，坐断东南战未休。天下英雄谁敌

手？曹刘，生子当如孙仲谋。

——《南乡子·登京口北固亭有怀》

辛弃疾站在北固亭里，望着这一带的壮丽江山，想起千百年来的盛衰兴亡，感慨万千。他想起江南的英雄孙权，十九岁时就能统领千军万马，与曹操、刘备三分天下，不愧为英雄的名号。孙权，字仲谋，词末"生子当如孙仲谋"，是曹操对孙权的赞誉。有一次，曹操与孙权对垒，见孙权仪表堂堂，气度不凡，于是感叹说："生子当如孙仲谋。"①

辛弃疾希望南宋有如孙权那样的有志之士，也暗示了自己就如孙权一样，有奋发图强、收复失地的伟大理想。

然而，理想很丰满，现实却是残酷的。开禧元年（1205年），就在辛弃疾倾心倾力为北伐做准备时，他举荐过的一位官员犯了罪，朝廷追究辛弃疾举荐不当，让他承担连带责任，三月，辛弃疾被降为朝散大夫，免去镇江知府，六月迁任隆兴知府。

这个处置，对年迈但依然雄心勃勃的辛弃疾来说，无疑一个当头棒喝。即将离开京口时，他又一次登上北固亭，怀着忧

---

① 《三国志》卷四十七《吴书二》。

愤的心情，写下《永遇乐·京口北固亭怀古》一词，抒发自己的心情。

　　千古江山，英雄无觅，孙仲谋处。舞榭歌台，风流总被，雨打风吹去。斜阳草树，寻常巷陌，人道寄奴曾住。想当年，金戈铁马，气吞万里如虎。

　　元嘉草草，封狼居胥，赢得仓皇北顾。四十三年，望中犹记，烽火扬州路。可堪回首，佛狸祠下，一片神鸦社鼓。凭谁问：廉颇老矣，尚能饭否？

　　这次，他又想起了孙权，感慨英雄无觅，如今像孙权那样的人物再也找不到了，因为"舞榭歌台，风流总被，雨打风吹去"。"舞榭歌台"泛指繁华景象。"风流"指英雄的流风余韵，也指英雄的精神和光辉业绩。"寄奴"是南朝宋开国皇帝刘裕的小名，他曾以京口为根据地，削平内乱，收复失地，是"金戈铁马，气吞万里如虎"的大英雄。可是现在，他的住处也淹没在"斜阳草树，寻常巷陌"里，很难被人记起了。

　　下阕中，"元嘉"是刘裕的儿子宋文帝刘义隆的年号。狼居胥是一座山的名字。汉代名将霍去病与匈奴作战，打了大胜仗，他追击匈奴的首领，一直追到狼居胥山，在这里举行封神祭天仪式，庆祝胜利。元嘉年间，王玄谟屡次向宋文帝陈说征伐北魏之策，宋文帝心有所动，说："闻王玄谟陈说，使人有封狼居胥意。"[1]元嘉二十七年（450年），宋文帝命王玄谟北伐。由于准备不足，又冒险贪功，最终一败涂地。北魏军队乘胜追到长江北岸，声称要渡江。宋文帝登烽火楼北望，张皇失色，对轻率北伐深悔不已。

辛弃疾借宋文帝因草草北伐而惨败的历史事实，深切告诫韩侂胄等人，抗金北伐必须做好充分准备，不能草率从事，否则只会重蹈元嘉覆辙。

接下来，辛弃疾又回忆起自己的战斗生涯。四十三年前，他率众南归，经扬州到建康，一路浴血奋战，战火弥漫，他想告诉朝廷，他是最有资格参加北伐的大臣。

"可堪回首，佛狸祠下，一片神鸦社鼓。""佛狸"是与宋文帝作战的魏国皇帝太武帝的小名，他打败王玄谟后，在长江北岸一个叫瓜步山的地方建立行宫，后来这个行宫成了祭祀神灵的庙堂，称为"佛狸祠"。如今，对岸佛狸祠下，竟响起一片祭祀鼓声，还有来争抢祭食的乌鸦。在辛弃疾看来，"佛狸祠"是国家耻辱的象征，而沦陷区的百姓却忘记了这些，将它变成了祭神的场所，真是令人心痛。

时间可以抹去人们对国家、民族耻辱的记忆，多么可悲。这也正是辛弃疾痛心疾首、深深担忧之事，他担心北方沦陷区

---

[1] 〔唐〕李延寿撰《南史》卷十六列传第六《王玄谟传》，中华书局，1975，第464页。

的百姓已经渐渐忘记自己的国家和民族，安于异族统治。所以，失地必须早日收复，国家必须尽快统一。

"凭谁问：廉颇老矣，尚能饭否？"用的是赵国名将廉颇的一个典故。廉颇年老的时候，赵王想看看他是否还能打仗，就派了一个使者去探查他的身体状况。廉颇当着使者的面，一顿吃下一斗米、十斤肉，又披甲上马，表示自己尚有余勇。辛弃疾以廉颇自比，是希望有人还能想起他，问问他身体如何，是否还能够担当起领兵北伐的重任。

这首词传到朝廷后，引起了韩侂胄的强烈不满，就在这年的六月，他指示言官旧事重提，以"好色贪财，淫刑聚敛"①为由，再次弹劾辛弃疾。弹劾的结果是，辛弃疾隆兴知府的新职还未上任就被罢免了。

收到免职的通知，辛弃疾终于明白，他与韩侂胄不是一路人，更不可与之共成大计。寒秋，他凄凉地返回铅山，写了数首诗词表达其悲愤的心情。其中有一首《瑞鹧鸪·乙丑奉祠归，舟次余干赋》，前四句是这样写的："江头日日打头风，憔悴归来邴曼容。郑贾正应求死鼠，叶公岂是好真龙？"

从这些词句里，我们可以看出，辛弃疾已经看透了韩侂胄，他把韩侂胄比喻成郑国的商人和叶公，讽刺他不能赏识和任用真正的人才。

---

① 《宋会要辑稿》第103册《职官七五》。

4. 暮年悲歌

　　韩侂胄一意北伐，朝野有识之士纷纷发出反对的声音。开禧元年四月，武学生华岳上疏，认为此时南宋"将帅庸愚，军民怨怼，马政不讲，骑士不熟，豪杰不出，英雄不收，馈粮不丰，形便不固，山砦不修，堡垒不设"，认定这次北伐将"师出无功，不战自败"。①此时韩侂胄北伐的决心已定，已经听不进任何反对的声音了，他将华岳削去学籍，关进大牢。六月，在韩侂胄的推动下，朝廷下诏各军加强战备，准备对金作战。

　　开禧二年，韩侂胄认为北伐的时机已经成熟，他请主战派叶适为其起草宣战诏书。但叶适认为此时北伐还不是时候，不仅拒绝了这个要求，还上疏宋宁宗，说轻率北伐至险至危。韩侂胄于是改请直学士院李璧起草了伐金诏书："天道好还，我国有必伸之理，人心效顺，匹夫无不报之仇。"②正式开启

① 〔元〕脱脱等撰《宋史》卷四百五十五列传第二百一十四《华岳传》，中华书局，1977，第13375—13378页。
② 《宋史纪事本末》卷二十二《北伐更盟》。

北伐。于是，在开禧二年五月初七，南宋军队在自隆兴和议沉寂了四十多年后，对金不宣而战。历史上称这次北伐为"开禧北伐"。

然而，金军那边早已听到风声，已经有所准备。战争一开始，南宋军队就遭遇了溃败，用程珌的话说，是："一出涂地，不可收拾；百年教养之兵，一日而溃；百年葺治之器，一日而散；百年公私之盖藏，一日而空；百年中原之人心，一日而失。"①意思是，百年来，苦心训练供养的军队，一天就溃散了；百年来，精心修理打造的器械，一天就散失了；百年来，公家私人储藏的物资，一天就打了水漂；百年来，中原百姓期盼南宋军队的人心，也在一天之内全部丧失了。程珌分析这次溃败的原因，认为南宋招募士兵不加选择，所招募民兵都是种田的人。而驻兵又使禁军与民兵杂处，作战时指挥不一，形势混乱。另外，宋军对前线敌情也侦察不明，结果仓促应敌，一战即溃。这些都是辛弃疾在镇江时已预料到的。

危急之时，韩侂胄又想起了辛弃疾。也许韩侂胄意识到，自己之前对辛弃疾的处置不够地道，便决定先试试辛弃疾的态度。大约在七八月份，辛弃疾又一次接到绍兴知府兼浙东安抚使的任命，但在这份以朝廷名义下发的委任状中，并没有出现任何关于北伐的字眼，只是说辛弃疾"惟素望夙烦于镇压，则

① 《洺水集》卷二《丙子轮对札子》。

赤子必善于抚摩。其即祠廷，往分阃制"①。这份任命背后的目的，不过还是像从前一样，让辛弃疾做地方一要员，治理民政，安抚地方，于是他坚决辞掉了这个职务。

韩侂胄见辛弃疾不为所动，决定加大拉拢力度。他将辛弃疾的职名连升六级，由原来的宝谟阁待制升为宝文阁待制，还将其封为历城县开国男，成了男爵。面对这次加官晋爵，辛弃疾的反应依然很平淡，他在诗《丙寅九月二十八日作来年将告老》里写道：

> 渐识空虚不二门，扫除诸幻绝根尘。
>
> 此心自拟终成佛，许事从今只任真。
>
> 有我故应还起灭，无求何自别冤亲。
>
> 西山病叟支离甚，欲向君王乞此身。

意思是，我无欲无求，已经看破红尘，面对未来，不会再抱任何幻想，而且身体也不好，又老又病，是该向皇上申请退休的时候了。这等于是告诉韩侂胄：你就不要再打我的主意了，我是不会出山的。

十月，金兵开始大反攻，所到之处，几乎势如破竹。这下，韩侂胄更急了，他赶紧下诏，把辛弃疾的职名升为龙图阁

---

① 〔南宋〕卫泾撰《后乐集》卷一《外制》，《钦定四库全书》影印本。

待制，同时任命他担任江陵知府，并且明确告知不准辞职。但提了一个要求，要他赴任前先去一趟临安。这一次，辛弃疾没有再拒绝，于开禧三年的初春去了临安，接受了宋宁宗的召见。此时金军由于一时不能突破南宋的长江防线，国内问题又不允许他们长期打下去，已于正月退回了淮北。由此，双方又进入了议和阶段。这次召见后，朝廷并没有让辛弃疾去江陵任职，而是让他留在朝中担任兵部侍郎。

在宋代，兵部并无太多实权，侍郎也只是兵部的副职。朝廷让辛弃疾担任这个职务，并非想让他重整旗鼓，而是想利用他的名望给民众一个交代。辛弃疾不是傻子，不愿为韩侂胄当挡箭牌，于是他坚决反复地上疏请辞，终于辞掉了这一差事，大概在这年的夏天，他又回到了铅山的家中。

在瓢泉赋闲的日子里，辛弃疾有感而发"不是长卿终慢世，只缘多病又非才"（《瑞鹧鸪·期思溪上日千回》），意思是，我并非有意像司马相如那样傲慢于世，只因我身体不好，也没什么才华。辛弃疾以司马相如自况，用自嘲的口吻来阐明自己不愿出仕的理由。八月，辛弃疾生了病。

虽然辛弃疾明确表示不会再复出，但他生命中的最后时光依然不能够平静度过。九月初，朝廷再次下达诏书，征召辛弃疾出山。原来，宋金议和时，作为战胜国，金国提出的条件极为苛刻，除了割地赔款外，还要索取韩侂胄的脑袋。韩侂胄当然不可能答应，他怒不可遏，要和金军决一死战。这一次，他没有再犹豫，任命辛弃疾为枢密院都承旨，并要他立即赴杭州去供职奏事。

自青年时代起，辛弃疾就梦想成为金戈铁马、决胜沙场的将军，南归后，他盼了四十多年，终于有了一次能够接近梦想的机会。可不幸的是，当朝廷的使者到达铅山时，辛弃疾已经病入膏肓，即使想接受这个任命，也无法赴任了。于是赶紧上章请辞。据谢枋得《祭辛稼轩先生墓记》记载，当时辛弃疾曾感慨地对人说："侂胄岂能用稼轩以立功名者乎？稼轩岂肯依侂胄以求富贵者乎？"大意是，韩侂胄既不肯和辛稼轩共立功业，辛稼轩又怎肯依从韩侂胄的私心以取富贵呢？

九月初十，在生命的弥留之际，辛弃疾依然未能忘记北伐事业，昏迷多日的他忽然睁开眼睛，大喊了几声："杀贼！杀贼！"尔后，一切都归于静寂。这位"男儿到死心如铁"的爱国英雄，终于走到了生命的尽头，终年六十八岁。

开禧北伐的失败，让韩侂胄威望大挫，也让反对他的人抬起了头。十一月三日，怨恨韩侂胄的杨皇后勾结野心家史弥远，于上朝途中将韩侂胄秘密杀害，然后将其首级送往金国，以此作为请求议和的条件。

次年九月，即宋宁宗嘉定元年（1208年），宋与金议和，金宋叔侄相称改为伯侄相称；增岁币为银三十万两，绢三十万匹；另给金军犒军银（赔款）三百万两，史称"嘉定和议"。

"嘉定和议"后，史弥远升任右丞相，掌握了朝政大权，开始清算韩侂胄。此时，辛弃疾去世已经一年，却又受到株连，摄给事中倪思弹劾辛弃疾，说他曾经迎合韩侂胄北伐，"请追削爵秩，夺从官恤典"①，削去辛弃疾生前一切荣誉职务。

辛弃疾在世时，不满韩侂胄的为人，他支持北伐，只不过为了了结平生夙愿，收复沦陷的旧山河，让中原百姓过上清平安乐的日子。韩侂胄发动北伐时，辛弃疾正被罢免在家，没有参与，现北伐失败，却让辛弃疾为韩侂胄承担罪责，确实有失公允。

到了绍定六年（1233年），辛弃疾去世二十六年后，时移事移，朝廷又追赠辛弃疾为光禄大夫。

---

① 〔南宋〕魏了翁撰《鹤山集》卷八十五《显谟阁学士特赐光禄大夫倪公墓志铭》，《钦定四库全书》影印本。

5.　词坛飞将

　　辛弃疾去世后，葬在铅山县南十五里的阳原山中。据乾隆年间出版的《铅山县志》稼轩小传记载，他死的时候，"家无余财，仅遗诗词、奏议、杂著书集"。辛弃疾虽然没有为他的后代留下物质上的财富，却为后人留下了宝贵的文化瑰宝。他一生写了很多词，仅传世的就有620多首，其数量、质量之高，令人惊叹。

　　辛弃疾词风延承苏轼，被称为"豪放派"。但辛弃疾并非有意学习苏轼，而是他的经历和所要表达的情感决定了他的词风。清代评论家谭献说："东坡是衣冠伟人，稼轩则弓刀游侠。"[1]意思是，苏东坡是衣冠整齐的读书人中的伟人，而辛弃疾则是携弓箭大刀云游四方的侠客。

　　辛弃疾取得这么高的文学成就，并非来自他对文学事业的甘心俯首，他甚至从来没有把文学事业作为生命的至上追求，

――――――――――

[1]　〔清〕谭献著《复堂词话》之《评辛弃疾词》，《介存斋论词杂著·复堂词话·蒿庵论词》，人民文学出版社，1950，第26页。

属于无心插柳柳成荫。他的学生范开在编辑他的词集后，在序言中感慨："公一世之豪，以气节自负，以功业自许，方将敛藏其用以事清旷，果何意于歌词哉，直陶写之具耳。"①意思是，辛弃疾是一世豪杰，以气节自负，以功名事业自期。当他被迫收敛自己的才干，做一些清闲放旷的事情时，并不是真打算从此着意于诗词，诗词只是他陶冶性情、宣泄自己情怀的一种工具而已。

辛弃疾平生的志愿是成为喋血沙场的英雄，恢复中原，用他自己的话说"酒圣诗豪余事"，喝酒作诗都是空闲时才做的事，是用来解闷的。然而，他纵横一生，虽满怀壮志，却因为"不遇"而屡次被贬，历经挫折，投闲置散近二十年，梦想终未能实现，满腔热血最后只能化为文学上的"英雄感怆"②。

辛弃疾的词题材广泛，内容丰富，风格多样。譬如，他写英雄的壮举："金戈铁马，气吞万里如虎。"写元宵节观灯："众里寻他千百度。蓦然回首，那人却在，灯火阑珊处。"写青山的多姿："青山意气峥嵘。似为我归来妩媚生。"写溪水的明快："溪边照影行，天在清溪底。天上有行云，人在行云里。"（《生查子·独游雨岩》）

---

① 〔南宋〕辛弃疾著，〔南宋〕范开辑《稼轩词》甲集《稼轩词序》，上海涵芬楼影印汲古阁抄本。
② 〔南宋〕刘辰翁撰《须溪集》卷六《辛稼轩词序》，《钦定四库全书》影印本。

清代词人陈廷焯在他的《云韶集》中评价辛词："词至稼轩，纵横博大，痛快淋漓，风雨纷飞，鱼龙百变，真词坛飞将军也。"意思是说，辛弃疾的词有气势，也有境界，情感抒发非常痛快，笔墨文采就像风雨纷飞，鱼龙百变一样层出不穷，变化多端，是词坛上的飞将军。

飞将军指的是西汉名将李广，其因骑术和射术精良，被塞内塞外统称为"飞将军"，这个"飞"就是快的意思。把辛弃疾喻为飞将军，是说他不但词写得好，还拥有像李广一样举世无双的才干。

爱国词固然是辛弃疾词作中的主流。他时而为"剩水残山无态度，被疏梅料理成风月"而叹息，时而为"斜阳正在，烟柳断肠处"而伤感。夜不能寐时，他心里想的是"夜半狂歌悲风起，听铮铮、阵马檐间铁。南共北，正分裂"（《贺新郎·用前韵送杜叔高》），即使"布被秋宵梦觉"后，所念也唯有"眼前万里江山"。

辛弃疾的乡村词秉承苏轼《浣溪沙》的流风，清新脱俗，别有一种风情。无论是"七八个星天外，两三点雨山前"，还是"醉中忘却来时路，借问行人家住处"（《玉楼春·三三两两谁家女》），抑或"大儿锄豆溪东，中儿正织鸡笼。最喜小儿亡赖，溪头卧剥莲蓬"，每一首都像从生活中摄取的小照，自然而真切，洋溢着新鲜活泼的生活气息，让人过目不忘。

南宋有个词人叫刘克庄，生于淳熙十四年，由于生活的时代和经历与辛弃疾有诸多相似，因此他对辛词十分推崇，作品也继承了辛弃疾的文风，是"辛派"词人的代表人物。他评价辛弃疾的词："公所作，大声镗鞳，小声铿鍧，横绝六合，扫空万古，自有苍生以来所无。其秾纤绵密者，亦不在小晏、秦郎①之下。余幼皆成诵。"②把辛弃疾词的两种风格总结得非常到位。但他在赞誉辛弃疾词的同时，也提出了一个看法，说："近岁放翁、稼轩一扫纤艳，不事斧凿，高则高矣，但时时掉书袋，要是一癖。"③意思说，辛弃疾后来的作品，用词平实，没有斧凿，好是好，但用的典故太多，是一个瑕疵。

用典太多，确是辛词的一个特色。譬如，被明代杨慎评为第一的《永遇乐·京口北固亭怀古》，就先后用了"孙仲谋处""寄奴曾住""元嘉草草""封狼居胥""赢得仓皇北顾""佛狸祠下""廉颇老矣"等典故。虽然这些典故在历史上都有流传，但历史知识相对薄弱的读者就需要借助注释才能读懂，所以辛弃疾的词作容易引起一些人的诟病。

岳飞的孙子岳珂是辛弃疾的朋友，这首词写成时，辛弃疾曾征求他的看法。岳珂评价说："新作微觉用事多耳。"④意思是，这首词写得很不错，就是用典太多了。大概觉得岳珂说得

---

① 小晏、秦郎分别指晏几道、秦观，北宋词人，词作以浓艳、靡丽著称。
② 〔南宋〕刘克庄撰《后村先生大全集》卷九十八《辛稼轩集序》，收入《四部丛刊初编》，上海涵芬楼影印旧钞本。
③ 同上卷九十九《刘叔安感秋八词跋》。
④ 《桯史》卷三。

有理，辛弃疾当时的反应是"大喜"，后来他曾数易其稿，反复修改，最后可能觉得还是修改前的好一些，所以我们现在看到的还是这首词的原貌。

虽然人们见仁见智，但在白话文已经普及的今天，历史离人们越来越远，典故也越来越难懂，许多人因此对辛词望而生畏，确实影响了辛词的普及。

但是，辛弃疾用典绝非有卖弄学问之意，他所用之典大多恰到好处，是才学和心气自然勃发的结果。别人认为艰涩难懂的，于他只是信手拈来，这也恰好证明了辛弃疾才学的博大精深。

辛弃疾才干突出，是很多人都认可的，他是"圣天子一见三叹息"的"卓荦奇材"，是陆游口中的"大材小用古所叹，管仲萧何实流亚"，就连一直对他不信任的朝廷也承认"其才任重有余，盖一旦缓急之可赖"。然而，就是这样一位能力突出的人，却政治失意，终其一生都没能实现自己的夙愿。清代词论家黄梨庄云："辛稼轩当弱宋末造，负管、乐之才，不能尽展其用，一腔忠愤，无处发泄，观其与陈同父抵掌谈论，是何等人物，故其悲歌慷慨、抑郁无聊之气，一寄之于其词。"①

因为宋朝的"不识"，辛弃疾不能尽展其才，一腔忠愤，无处发泄。正是如此，华夏历史上才少了一位像卫青、霍去病

---

① 〔清〕徐釚撰《词苑丛谈》卷四《品藻二》，《钦定四库全书》影印本。

那样的旷世名将，多了一位流传千古的词坛飞将。辛弃疾知道这个结果，会是什么心情呢? 九泉之下的他会安息吗?

宋度宗咸淳七年（1271年），辛弃疾去世六十四年后，在他的墓地上发生了一件非常神奇的事，这就是本书一开头提到的那个故事：谢枋得去铅山县祭拜辛弃疾，晚上住在他墓旁的寺庙里。傍晚时分，他听到祠堂里传来阵阵急促而悲愤的呼喊，一直持续到半夜，好像有人在抗议自己的不公。谢枋得再也无法入睡，联想起辛弃疾生前遭遇的种种不公，他披衣起床，撰文打抱不平，并承诺"倘见君父，当披肝沥胆以雪公之冤"①。说也奇怪，文章一写完，悲愤的呼号声马上就消失了。后来，为了兑现承诺，谢枋得多次向朝廷上疏。在他的努力下，宋恭帝德祐元年（1275年），辛弃疾去世六十八年后，朝廷追赠其少师、谥号忠敏。

谢枋得写下了《祭辛稼轩先生墓记》，把他祭拜辛弃疾的这次经历详细记录了下来。也正因此，我们今天才得以读到这个故事，从而也明白，诗词带来的巨大荣誉或许能给地下的辛弃疾带来一些安慰，但肯定还是不能让这个英雄的灵魂完全安息。

历史中的辛弃疾，就这样带着无尽的遗憾远去了，而文学中的辛弃疾，就像一座不老的青山，永远活着，永远屹立在一代又一代读者的心中。

---

① 《叠山集》卷七《祭辛稼轩先生墓记》。

辛弃疾年表

北宋钦宗靖康元年（金太宗天会四年，1126年）

金国起兵攻宋。

北宋靖康二年、南宋高宗建炎元年（金天会五年，1127年）

金灭北宋，掳走徽、钦二帝，史称"靖康之耻"。赵构建立南宋。

高宗绍兴九年（金熙宗天眷二年，1139年）

正月，宋金达成"天眷和议"。金交还宋徽宗赵佶尸骨等，并交还原北宋沦陷的河南、陕西等地。南宋向金称臣，并向金赔款。

绍兴十年（金熙宗天眷三年，1140年）　1岁

五月十一（公历5月28日）卯时，辛弃疾出生于山东历城之四风闸。

本年，岳飞败金兵于郾城，北进至朱仙镇，奉诏班师，中原地复陷于金。

绍兴十一年（金皇统元年，1141年）　2岁

十一月，宋金"绍兴和议"。南宋向金称臣、赔款，双方以东自淮河、西以大散关为界。

绍兴十二年（金皇统二年，1142年）　3岁

绍兴十三年（金皇统三年，1143年）　4岁

是年，陈亮生。

绍兴十四年（金皇统四年，1144年）　5岁

绍兴十五年（金皇统五年，1145年）　6岁

绍兴十六年（金皇统六年，1146年）　7岁

在亳州，从学于刘瞻，与党怀英同窗，后并称"辛党"。

绍兴十七年（金皇统七年，1147年）　8岁

绍兴十八年（金皇统八年，1148年）　9岁

绍兴十九年（金皇统九年，金海陵王天德元年，1149年）10岁

金海陵王完颜亮杀金熙宗自立。

绍兴二十年（金天德二年，1150年） 11岁

绍兴二十一年（金天德三年，1151年） 12岁
离开亳州刘瞻门下。

绍兴二十二年（金天德四年，1152年） 13岁
是年，韩侂胄生。

绍兴二十三年（金贞元元年，1153年） 14岁
三月，金完颜亮迁都燕京（今北京）。
辛弃疾当在本年领乡举，并通过府试。

绍兴二十四年（金贞元二年，1154年） 15岁
第一次赴燕山应试，不第。其间或曾谒见蔡松年。

绍兴二十五年（金贞元三年，1155年） 16岁

绍兴二十六年（金正隆元年，1156年） 17岁
娶赵氏为妻当在此年。

绍兴二十七年（金正隆二年，1157年） 18岁
第二次赴燕京应试，中进士。

绍兴二十八年（金正隆三年，1158年） 19岁

绍兴二十九年（金正隆四年，1159年） 20岁

绍兴三十年（金正隆五年，1160年） 21岁

祖父辛赞最晚在本年去世。

绍兴三十一年（金正隆六年，金世宗大定元年，1161年）22岁

九月，金主完颜亮起兵攻宋。

十月，宋高宗下诏将亲征。金世宗完颜雍在金国东京辽阳即位。

十一月，完颜亮败退采石矶，被部下杀死。

十二月，宋高宗出临安，巡视长江前线战场。

本年，辛弃疾聚众约两千人抗金起义，投奔耿京，为掌书记，杀义端。年底，与贾瑞奉表南归。

绍兴三十二年（金大定二年，1162年） 23岁

正月，辛弃疾一行至建康，获高宗召见，授右承务郎、天平军节度使掌书记。

闰二月，耿京为叛将张安国所杀。辛弃疾回北方复命，中途闻变，率五十骑缚安国献俘行在，差江阴签判。

六月，太子赵昚受禅即皇位，是为孝宗。辛弃疾以分兵攻金人之策进张浚，未被采纳。

定居京口，续娶范氏或在此年。

孝宗隆兴元年（金大定三年，1163年） 24岁

在江阴签判任。

四月，隆兴北伐。五月，宋军符离大溃。

隆兴二年（金大定四年，1164年） 25岁

在江阴签判任。

秋冬之际，改任广德军通判。

十一月，宋金达成"隆兴和议"。

乾道元年（金大定五年，1165年） 26岁

在广德军通判任。

本年，向孝宗奏《美芹十论》。

乾道二年（金大定六年，1166年） 27岁

在广德军通判任。

乾道三年（金大定七年，1167年） 28岁

在广德军通判任。任满，改建康府通判。

乾道四年（金大定八年，1168年） 29岁

在建康通判任。与赵彦端、史至道、叶衡等诸人结识，酬答唱和。

乾道五年（金大定九年，1169年） 30岁

在建康通判任。

八月，虞允文升任尚书右仆射，同中书门下平章事。

乾道六年（金大定十年，1170年）　31岁

召对延和殿，论奏"阻江为险，须藉两淮"，授司农寺主簿。作《九议》上疏宰相虞允文。

乾道七年（金大定十一年，1171年）　32岁

在司农寺主簿任。

乾道八年（金大定十二年，1172年）　33岁

春，知滁州。宽征薄赋，招流散，教民兵，议屯田。创建奠枕楼、繁雄馆。预言："仇虏六十年必亡，虏亡则中国之忧方大。"

乾道九年（金大定十三年，1173年）　34岁

知滁州。冬，因病离开滁州知州任，回京口居第。

淳熙元年（金大定十四年，1174年）　35岁

正月，启贺新任建康留守叶衡。

春，迁任江东安抚使参议官。

十一月，叶衡为右丞相，荐辛弃疾慷慨有大略，孝宗再次召见，迁仓部郎官。

淳熙二年（金大定十五年，1175年）　36岁

六月十二日，被任命为江西提刑，秋初上任。

九月，叶衡罢相。

闰九月，平灭茶商军，加秘阁修撰。

淳熙三年（金大定十六年，1176年） 37岁

在江西提点刑狱任。冬，调京西转运判官。

淳熙四年（金大定十七年，1177年） 38岁

春，差知江陵府，兼湖北安抚使，铁腕平乱。迁为隆兴府知府兼江西安抚使。

淳熙五年（金大定十八年，1178年） 39岁

春，召为大理寺少卿。与陈亮相识。

秋八月，出为湖北转运副使。

淳熙六年（金大定十九年，1179年） 40岁

春，改湖南转运副使。

七月，奏进《论盗贼札子》。改知潭州兼湖南安抚使，奉孝宗手诏，谕惩治盗贼旨意。

淳熙七年（金大定二十年，1180年） 41岁

在湖南安抚使任。以工代赈，整顿湖南乡社，创建"飞虎军"。

冬，加右文殿修撰，差知隆兴府兼江西安抚使。

淳熙八年（金大定二十一年，1181年） 42岁

在江西安抚使任。

春，遣客舟载运牛皮为军用，为朱熹所拘没，遂致函朱氏给还。

本年，江右大旱，发生粮荒，以"闭粜者配，强籴者斩"之策救灾。

秋七月，以修举荒政，升奉议郎。

十一月，改任浙西提刑，旋遭谏官王蔺弹劾，落职退居上饶带湖。

淳熙九年（金大定二十二年，1182年） 43岁

闲居带湖。

秋九月，朱熹来信州，与韩元吉、徐衡仲等共游南岩。

淳熙十年（金大定二十三年，1183年） 44岁

闲居带湖。

淳熙十一年（金大定二十四年，1184年） 45岁

闲居带湖。

三月，友人陈亮被累系狱。

淳熙十二年（金大定二十五年，1185年） 46岁

闲居带湖。初访铅山瓢泉。

淳熙十三年（金大定二十六年，1186年） 47岁

闲居带湖。

淳熙十四年（金大定二十七年，1187年） 48岁

闲居带湖。

十月，宋高宗病逝。

本年，主管冲佑观。再访铅山，购瓢泉。

淳熙十五年（金大定二十八年，1188年） 49岁

闲居带湖。奏邸讹传稼轩以病挂冠。

三月，朱熹来访。冬，友人陈亮来访，鹅湖相会，十日而别。

淳熙十六年（金大定二十九年，1189年） 50岁

闲居带湖。

二月，孝宗禅位于光宗。

本年与夫人范氏同庆五十寿。

光宗绍熙元年（金章宗明昌元年，1190年） 51岁

闲居带湖。

十二月，友人陈亮再度入狱。

绍熙二年（金明昌二年，1191年） 52岁

闲居带湖。

冬，被重新起用为福建提点刑狱。

绍熙三年（金明昌三年，1192年） 53岁

春，赴福建提点刑狱任，经建阳时，与朱熹相会，此后二人来往密切。

九月，代福建安抚使，上疏论经界、盐钞事，岁末被召赴临安。

绍熙四年（金明昌四年，1193年） 54岁

正月，光宗召见，上呈《论荆襄上流为东南重地疏》，授太府卿。

秋，升朝散大夫，加集英殿修撰，知福州兼福建安抚使。

是年，陈亮举进士第一。

绍熙五年（金明昌五年，1194年） 55岁

在福建安抚使任上。

陈亮卒，为文祭之。

七月，宋孝宗去世，赵汝愚、韩侂胄联合发动宫廷政变，光宗被迫禅位于太子赵扩，是为宋宁宗。辛弃疾遭谏官弹劾，罢帅任，主管建宁府武夷山冲佑观。

八月，赵汝愚为右丞相，朱熹赴行在侍讲。

九月，辛弃疾再遭弹劾，降为秘阁修撰。回上饶，营建瓢泉居所。

闰十月，朱熹被罢侍讲，逐出朝廷。

宁宗庆元元年（金明昌六年，1195年）　56岁

闲居带湖。

春，瓢泉新居落成。

二月，赵汝愚被罢右丞相。

冬十月，再遭御史中丞何澹奏劾，秘阁修撰的职名被削夺。

庆元二年（金明昌七年，金承安元年，1196年）　57岁

正月，赵汝愚卒，年五十七。

九月，再遭弹劾，罢冲佑观职。

本年，带湖居所失火，全家徙居铅山瓢泉。

庆元三年（金承安二年，1197年）　58岁

铅山闲居。"庆元党禁"达到高潮，宋宁宗批《伪学逆党籍》五十九人。

庆元四年（金承安三年，1198年）　59岁

铅山闲居。

是年五月，宁宗诏禁伪学。

庆元五年（金承安四年，1199年）　60岁

铅山闲居。

庆元六年（金承安五年，1200年）　61岁

铅山闲居。

三月，朱熹卒，年七十一。辛弃疾为文并亲往哭祭之。

嘉泰元年（金泰和元年，1201年）　62岁

铅山闲居。

嘉泰二年（金泰和二年，1202年）　63岁

铅山闲居。

党禁稍弛，朝廷起用"庆元党禁"中被罢黜的人，辛弃疾是其中之一。

嘉泰三年（金泰和三年，1203年）　64岁

夏，起用为知绍兴府兼浙东安抚使。是时，与爱国诗人陆游往来，欲为其筑舍，陆辞遂止。

年末，应召赴临安，陆游写长诗送行。

嘉泰四年（金泰和四年，1204年）　65岁

正月，宁宗召见，言金国必乱必亡，愿属"元老大臣"预为应变计。加宝谟阁待制，提举佑神观，奉朝请。

三月，差知镇江府，赐金带。至镇江后，积极备战，造红衲万领备用，并欲于沿边招募土丁以应敌。读宋高宗《亲征诏草》，为跋其后。

开禧元年（金泰和五年，1205年）　66岁

在镇江守任。

三月，坐缪举，降两官。

六月，改知隆兴府，旋遭臣僚弹劾，罢官与宫观，归铅山。同月，宋廷下诏加强战备。

开禧二年（金泰和六年，1206年）　67岁

铅山闲居。

五月，开禧北伐，宋军溃败。

秋，差知绍兴府、两浙东路安抚使，上疏辞免。

九月，进宝文阁待制，封历城县开国男，不为所动。

十月，金军反攻。

十二月，进龙图阁待制，知江陵府，上任前令赴行在奏事。

开禧三年（金泰和七年，1207年）　68岁

正月，宋金均有罢兵议和动向。知江陵府未就任，被留行在，试兵部侍郎，两次上章辞免，方遂所请。

夏，归铅山。

八月得疾。

秋，金以索取韩侂胄首级为议和条件，韩侂胄大怒，准备再次对金用兵，任辛弃疾为枢密都承旨，令其疾速赴任。诏令到铅山，已病重卧床，只得请辞。

九月初十卒，葬铅山县南十五里阳原山。

嘉定元年（金泰和八年，1208年） 卒后1年

摄给事中倪思劾其迎合韩侂胄北伐，被追削爵秩，并夺从官恤典。

理宗绍定六年（1233年） 卒后26年

赠光禄大夫。

度宗咸淳七年（1271年） 卒后64年

谢枋得访铅山辛弃疾墓，作《祭辛稼轩先生墓记》。

恭帝德祐元年（1275年） 卒后68年

加赠少师，谥忠敏。

主要参考书目

〔元〕脱脱等撰《宋史》，北京：中华书局，1977年。

〔元〕脱脱等撰《金史》，北京：中华书局，1975年。

〔南宋〕李心传撰《建炎以来朝野杂记》，《钦定四库全书》影印本。

〔南宋〕徐梦莘撰《三朝北盟会编》，《钦定四库全书》影印本。

〔明〕冯琦原编、陈邦瞻增辑《宋史纪事本末》，《钦定四库全书》影印本。

〔清〕徐松辑《宋会要辑稿》，北平国立图书馆影印本。

〔清〕毕沅撰《续资治通鉴》，北京：中华书局，1957年。

〔南宋〕辛弃疾著，范开辑《稼轩词》，上海涵芬楼影印汲古阁抄本。

〔南宋〕陈亮著，〔南宋〕陈沈辑《龙川文集》，清同治八年（1869年）永康应氏重刊本。

〔南宋〕朱熹著《晦庵先生朱文公文集》，清同治十二年（1873年）六安涂氏求我斋仿嘉靖壬辰本校刊本。

邓广铭著《辛弃疾传·辛稼轩年谱》，北京：生活·读书·新知三联书店，2017年。

邓广铭著《陈龙川传》，北京：生活·读书·新知三联书店，2007年。

赵晓岚著《金戈铁马辛弃疾》，北京：人民文学出版社，2010年。

郭瑞祥著《天风海雨词中龙：辛弃疾传》，沈阳：万卷出版公司，2019年。